Küsten und Meere

SII Arbeitsmaterial

TERRA global

Ernst Klett Verlag
Stuttgart · Leipzig

M 1 ***Abgestorbenes Korallenriff***

1 Ozeane und Küsten: Die Grundlage irdischen Lebens ist bedroht

Drei Viertel des Planeten Erde sind von Meeren bedeckt. Ihre Küsten sind etwa eine Million Kilometer lang. Küstenlandschaften sind damit der am weitesten verbreitete Landschaftstyp der Erde. Was auf jeder Karte jedoch nur als dünne Linie erscheint, ist in Wirklichkeit ein hochkomplexer Übergangsbereich zwischen Meer und Land. Das größte Ökosystem der Erde und auch die Küstenökosysteme wirken auf den ersten Blick weitgehend intakt. Das mag damit zusammenhängen, dass der größte Teil des Meeres unter der Wasseroberfläche liegt und für uns nicht sichtbar und für uns Menschen nur schwer zugänglich ist. In Wirklichkeit ist die Welt der Ozeane und Küsten bereits durch Übernutzung extrem gefährdet.

M 2 ***Gefährdung durch Verschmutzung***

↓ ***"In dead water***
Merging of climate change with pollution, over-harvest, and infestations in the world's fishing grounds

Coastal development is increasing rapidly and is projected to impact 91 % of all inhabited coasts by 2050 and will contribute to move than 80 % of all marine polltion.
Primary fishing grounds are likely to become increasingly infested by invasive species, many introduced from ship ballast water.
Increased development, coastal pollution and climate change impacts on ocean currents will accelerate the spreading of marine dead zones, many around or in primary fishing grounds.
The worst concentration of cumulative impacts of climate change with existing pressures of over-harvest, bottom trawling, invastive species, coastal development and pollution appear to be concentrated in 10–15 % of the oceans concurrent with today's most important fishing grounds.
Climate change may slow down ocean thermohaline circulation and continental shelf "flushing and cleaning" mechanisms crucial to coastal water quality and nutrient cycling and deep-water production in more than 75 % of the world's fishing grounds.
Over-harvesting and bottom trawling are degrading fish habitats and threatening the entire productivity of ocean biodiversity hotspots, making them more vulnerable to climate change.
Ocean acidification will also severely damage cold-water coral reefs and affect negatively other shell-forming organisms.
With climate change, more than 80 % of the world's coral reefs may die within decades."

merging = das Zusammentreffen
crucial = von entscheidender Bedeutung
currents = Strömungen

C. Nellmann, S. Hain and J. Alder (Eds): In Deep Water – Merging of climate change with pollution, over-harvest, and infestations in the world's fishing grounds, February 2008, Seite 7–12. United Nations Environment Programme, GRID-Arendal, Norway, www.grida.no, ISBN:978-82-7701-048-9

M 3 ***Der Wert der Meere – Benefits from Marine and Coastal Ecosystems and Activities***

„Coastal tourism
The volume of global tourist arrivals increased more than 20 times between 1950 and 1995, making tourism the world's fastest-growing industry. The present number of tourists is expected to double by 2010 – particularly in the Caribbean and Asia-Pacific regions, where much of the industry is concentrated in coastal areas.
$ 161 billion

Trade and shipping
Since the 1950s, the annual volume of shipping and seaborne trade has risen sixfold, to more than 5 billion tonnes of oil, dry bulk goods and other cargo. In 1995, there where 27 000 freighters over 1 000 tonnes in operation. Industrial countries account for 50 % of the cargo loaded – and 75 % of that unloaded.
$ 155 billion

Offshore oil and gas
Since gasoline was first used in California a century ago, the oil and natural gas industry has skyrocketed to meet soaring energy demands. Today, about 20 % of the world's oil and natural gas comes from offshore drilling installations in the Middle East, the United States, Latin America, and the North Sea.
$ 132 billion

Fisheries
Between 1950 and 1997, global fish production from capture and culture fisheries grew from 20 million tonnes to 122 million tonnes, with the per capita supply doubling from 8 kg to 15 kg. Over 200 million people rely on fishing for their livelihoods, with more than 80 % of all fish (by value) sold in industrial countries.
$ 80 billion"

C. Nellemann, S. Hain, and J. Alder (Eds). In Dead Water – Merging of climate change with pollution, over-harvest, and infestations in the world's fishing grounds, February 2008. Seite 15. United Nations Environment Programme, GRID-Arendal, Norway, www.grida.no, ISBN: 978-82-7701-048-9

Dabei sind die Ozeane und ihre Küsten von entscheidender Bedeutung für das Leben auf der Erde. Sie regulieren durch Meeresströmungen unser Klima und liefern uns wertvolle Nahrung. Ihre weltwirtschaftliche Bedeutung ist enorm.

Nach einer Studie des WWF (World Wide Fund For Nature) aus dem Jahr 2008 mit dem Titel „The Value of our Oceans" liefern die Meere der Menschheit eine enorme Vielfalt an natürlichen Dienstleistungen und Produkten. Ihr ökonomischer Wert beträgt nach Angaben von Experten etwa 21 Billionen US-Dollar im Jahr. Allein vom Fischfang hängen weltweit 40 Millionen Arbeitsplätze ab. Noch ist unbekannt, welche ungeahnten Möglichkeiten für die Medizin, z. B. bei der Entwicklung pharmazeutischer Wirkstoffe, in den Meeren vorhanden sind. Wissenschaftler beziffern den Wert der Aufnahme von Kohlenstoffdioxid durch die Meere mit 0,5 bis 10 Billionen Euro pro Jahr.

Doch die Menschheit hat längst begonnen, Küsten und Ozeane auszubeuten und zu schädigen. Neben den klassischen Meeresnutzungen wie Schifffahrt, Fischerei, Tourismus und Energiegewinnung, die die Küstenregionen prägen und das Ökosystem Meer belasten, gibt es als zusätzliche Herausforderung den sich abzeichnenden Klimawandel. Nach dem Sondergutachten „Die Zukunft der Meere – zu warm, zu hoch, zu sauer" des WBGU (Wissenschaftlicher Beirat der Bundesregierung Globale Umweltveränderungen; 2006) ist die Menschheit dabei, Prozesse im Meer anzustoßen, die in den letzten Jahrmillionen ohne Beispiel sind, gleichzeitig aber wegen der erheblichen geophysikalischen Verzögerungseffekte den Zustand der Weltmeere für Jahrtausende bestimmen werden. Der Klimawandel wird den Zerstörungsprozess von Meer- und Küstenökosystemen weiter beschleunigen mit unvorhersagbaren Risiken für die ökologische Vielfalt, für das globale Klima, die Versorgung mit Nahrungsmitteln und wirtschaftlichen Ressourcen.

Wie bedroht sind die Meere und ihre Küsten? Sind sie existenziell gefährdet? Sind sie noch zu retten?
Diese globale Herausforderung mit ihren unterschiedlichen Aspekten zu begreifen und aktuelle Lösungsansätze kennenzulernen, ist das zentrale Anliegen dieses Arbeitsheftes.

1 *Stellen Sie in einer Mindmap dar, welche Bedeutung das Meer und seine Küsten für Sie haben.*
2 *Die Zukunft der Ozeane und Küsten: Gestalten Sie dazu eine großformatige Collage ausgehend von den Informationen auf dieser Doppelseite.*
3 *Stellen Sie in einer Übersicht diejenigen Überlegungen und Fragen zusammen, die Sie sich stellen müssen, um Antwort auf die Fragen geben zu können, wie bedroht Meere und Küsten sind und ob man sie noch retten kann.*

2 Wasserplanet Erde

2.1 Meere und Meerwasser

Nur 0,1 % des Volumens der Erde besteht aus Wasser, jedoch sind von der Erdoberfläche 71 % oder 361 Millionen Quadratkilometer mit Wasser bedeckt. Der größte Teil der Landfläche liegt weniger als 1 000 m über dem Meeresspiegel, der größte Teil des Meeresbodens ist in über 3 000 m Tiefe zu finden. Die tiefste Stelle im Meer ist der Marianengraben (Pazifischer Ozean) mit ca. 11 000 m Tiefe, die höchste Erhebung auf der Erdoberfläche ist der Mount Everest mit 8 840 m.

Obwohl das Wasser nur einen kleinen Teil des Gesamtvolumens der Erde ausmacht, ist dennoch die Bezeichnung Wasserplanet berechtigt. Denn Wasser bestimmt nicht nur die Oberfläche unseres Planeten, es ist für die Lebensvorgänge auf der Erde existenziell.

Im System Erde – Atmosphäre zirkulieren mehr als 1,4 Milliarden Kubikkilometer Wasser, wovon auf die Meere 96,5 % entfallen. Als Meere oder Ozeane bezeichnet man die zusammenhängenden großen Salzwassermassen der Erde. Sie bedecken einen großen Teil der Erdoberfläche. Pazifischer (178,8 Millionen km²), Atlantischer (106,2 Millionen km²) und Indischer Ozean (75,8 Millionen km²) bilden mit mehr als 90 % der Wasseroberfläche die großen Meere. Mit diesen drei großen Ozeanen sind kleinere Meere als Randmeere wie die Nordsee, als Binnenmeere wie die Ostsee oder als Mittelmeere wie das asiatisch-europäisch-afrikanische Mittelmeer zwischen den Kontinenten Asien, Europa und Afrika verbunden.

M1 Wasserverteilung auf der Erde (in Mio. km³)

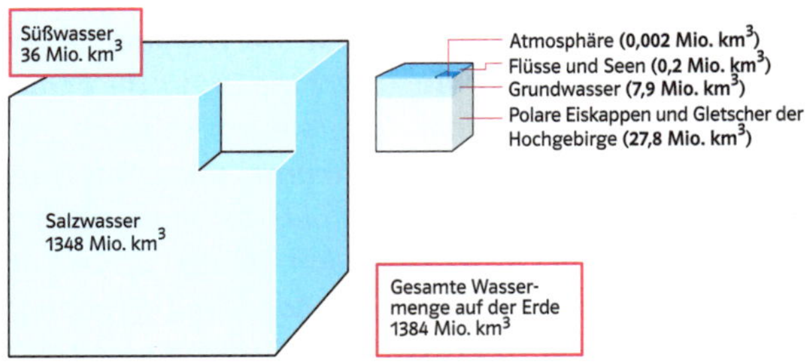

Arno Kreus, Norbert von der Ruhren (Hrsg.): Fundamente. Stuttgart. Leipzig: Klett 2008, S.44

M2 Schema des globalen Wasserkreislaufs

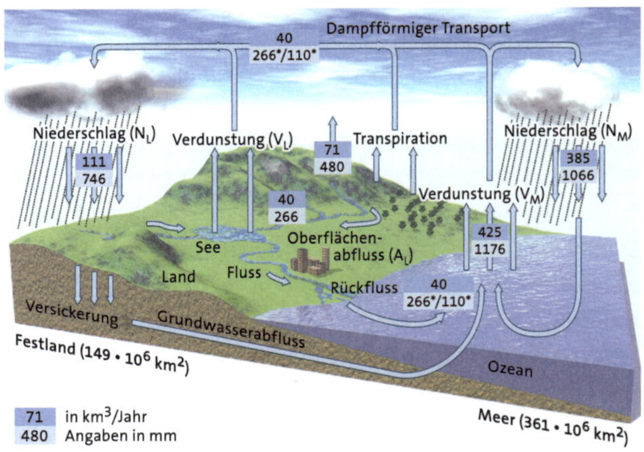

* 110 mm Niederschlag entsprechen einer Wassersäule von 110 mm auf der Fläche der gesamten Ozeane. Wird diese Menge auf das Festland transportiert, so ergibt sich auf dieser kleineren Fläche (40 % der Meeresfläche) eine Wassersäule von 266 mm.

Arno Kreus, Norbert von der Ruhren (Hrsg.): Fundamente. Stuttgart. Leipzig: Klett 2008, S.44

M3 Schematisierte hypsometrische Kurve der Erde

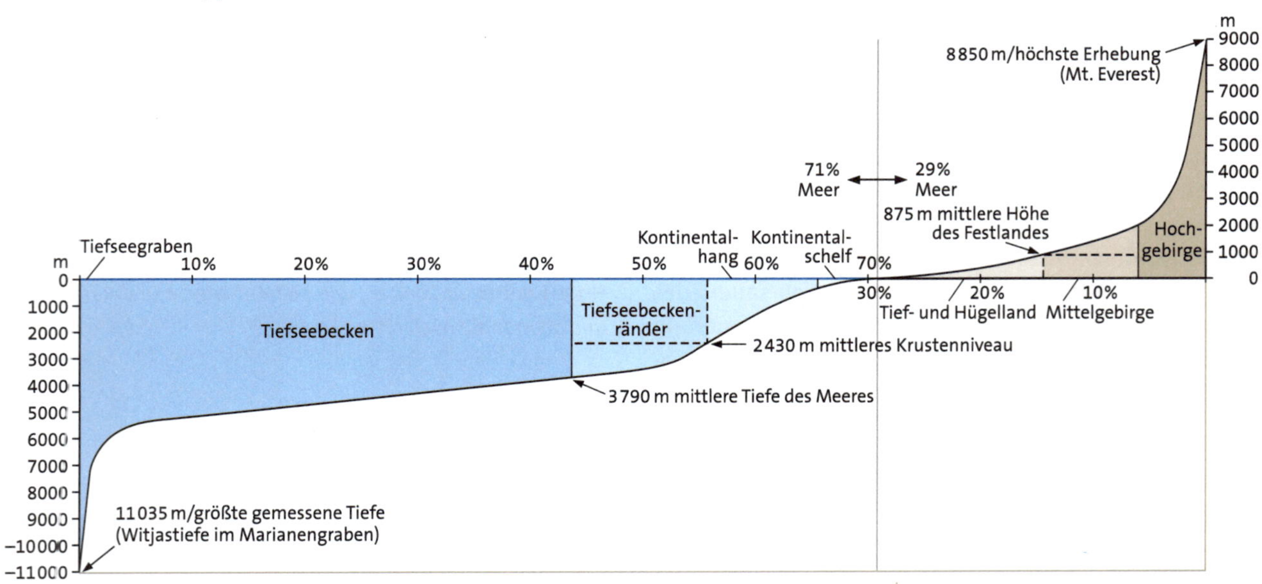

Nach Herbert Wilhelmy: Geomorphologie in Stichworten. Kiel: Hirt 1993

↓ *Wie kommt das Salz ins Meer?*

„Vielleicht ist es bei der Bildung der Urozeane entstanden, vielleicht aber auch erst im Laufe der Erdgeschichte von vulkanischen, atmosphärischen oder festen Bestandteilen der Erdrinde allmählich zugeführt worden. Eine Einschwemmung von Salzen durch die Flüsse der Kontinente kann nicht allein die Ursache für den heutigen Salzgehalt der Meere sein, denn die Flüsse enthalten andere Salze als der Ozean. Im Meer überwiegen die Chloride, im Flusswasser die Carbonate. Gegenwärtig ist man der Meinung, dass ein erheblicher Teil der Bestandteile (Ionen) des Meersalzes, die nicht aus dem Flusswasser stammen können, durch untermeerische Quellen im Bereich der mittelozeanischen Rücken zugeführt werden."

Walter Schumann: Das Buch der Erde, Bd. 1. München: Lexikographisches Institut 1987, S. 144f.

↓ *„**Meerwassertemperatur und -dichte.** Je geringer die Wassertemperatur, desto höher ist die Dichte des Wassers. Dies gilt jedoch nur bis zu einer Temperatur von etwa 4 Grad Celsius. Hier hat Wasser sein Dichtemaximum. Sinkt die Temperatur unter diesen Wert, zeigt sich die Dichteanomalie des Wassers. Diese besteht darin, dass sich Wasser unterhalb von 4 °C bei weiterer Temperaturverringerung, auch beim Wechsel zum festen Aggregatzustand, wieder ausdehnt, was man nur von wenigen Stoffen kennt.*

Je nach Salzgehalt erhöht sich die Meerwasserdichte und der Gefrierpunkt wird gesenkt. Bei einem Salzgehalt von 3,5 % liegt er bei –1,9 °C. Die Meerwassertemperaturen reichen vom Gefrierpunkt bis ca. 35 °C an der Oberfläche der tropischen Ozeanbereiche.

***Tiefenprofil.** Nach ihrem Temperaturverhalten unterteilt man die Meere in die Oberflächenschicht (bis 300 m Tiefe), die thermische Sprungschicht (300–1 000 m Tiefe), die Tiefwasserschicht (1 000–3 000 m) und die bodennahe Grundschicht (unter 3 000 m Tiefe). Bis zur Sprungschicht sinkt die Temperatur des Ozeanwassers rasch ab und pendelt sich schließlich in ca. 550 m bei etwa 5 °C ein. Unterhalb dieser mittleren Tiefenlage der thermischen Sprungschicht bleibt der Salzgehalt gleich. Damit sind rund 75 % des gesamten Meerwassers kälter als 5 °C."*

Gregor C. Falk u. a.: Fundamente Physische Geographie, Gotha und Stuttgart: Klett-Perthes 2002, S. 75

Mit einer mittleren Dichte von 1,027 g/cm³ (im Bereich von 0 bis 15 °C) enthält das Meerwasser durchschnittlich 35 Promille (oder Gramm pro Liter) gelöste Salze. Die restlichen 96,5 % eines Liter Meerwassers sind reines Wasser. Den salzigen Geschmack verursacht das gelöste Kochsalz, der bittere Beigeschmack wird durch Magnesiumsalze verursacht. Verdunstung, Niederschlag, Eisbildung und salzarme Zuflüsse verändern den Salzgehalt. Für die Nordsee wurden jahreszeitlich unterschiedliche Werte zwischen 31 und 33 Promille gemessen. Durch Vermischung mit Süßwasser kann in Randmeeren, in denen der Wasseraustausch mit den Ozeanen eingeschränkt ist, der Salzgehalt geringer sein. So liegt er in der Ostsee zwischen 2 und 20 Promille. Umgekehrt führt eine starke Verdunstung von der Oberfläche des jeweiligen Meeres in Kombination mit geringen Zuflüssen zu einer Erhöhung des Salzgehaltes. Im Roten Meer und Persischen Golf wird ein Salzgehalt von 41 Promille, im Toten Meer von 280 Promille gemessen. Unabhängig vom Salzgehalt bleibt die Zusammensetzung der gelösten Salze weitgehend gleich.

Insgesamt sind etwa 5×10^{18} t Salze im Wasser der Weltmeere enthalten. Diese Menge würde ausreichen, den Boden der Ozeane mit einer 62 m dicken Salzschicht zu bedecken.

Eine Erhöhung oder Erniedrigung des Salzgehaltes hat entscheidenden Einfluss auf die Meerwassereigenschaften z. B. die Wärmespeicherkapazität.

M4 Salzgehalt, Dichte und Gefrierpunkt des Meerwassers

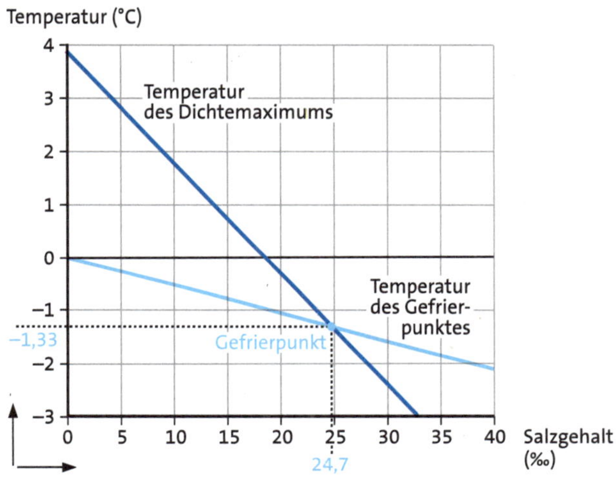

Abhängigkeit von Gefrierpunkt und Dichtemaximum des Meerwassers vom Salzgehalt

Nach Hans-Günter Gierloff-Emden: Geographie des Meeres, Teil 2. Berlin, New York: De Gruyter 1980, S. 775

1. *Beschreiben Sie mithilfe der Grafik M 2 den Wasserkreislauf der Erde.*
2. *Erklären Sie, weshalb die Erde als Wasserplanet bezeichnet wird, obwohl nur 0,1 % des Erdvolumens Wasser ist.*
3. *Erläutern Sie, weshalb sehr kalte und sehr warme Meere die höchsten Salzgehalte haben.*
4. *Erläutern Sie Zusammenhänge zwischen dem Salzgehalt des Meerwassers und den Gefriervorgängen.*
5. *Erstellen Sie ein Fließschema, welches die Veränderungen der Meerwassereigenschaften bei einer Erhöhung des Salzgehaltes verdeutlicht.*

M1 ***Riesenwelle***

2.2 Meer in Bewegung

Wellen

Meereswellen entstehen durch einen recht komplexen Mechanismus im Zusammenspiel von Wind und Wasser. Die vom Wind erzeugten Wellen werden auch als Oszillationswellen bezeichnet: Wasserteilchen werden durch die Reibung des Windes an der Wasseroberfläche und teilweise auch durch direkten Winddruck in vertikale Kreisbewegungen versetzt und ändern dabei ihre relative Lage kaum. Dabei entsteht eine Schwingungsbewegung des Wassers (Oszillation). Die Wellenhöhe wird dabei durch den vertikalen Abstand zwischen Wellenkamm und Wellental bestimmt, die Wellenlänge durch die Entfernung zwischen zwei Wellenkämmen. Im idealen Zustand werden dabei die Wasserteilchen nicht in die Richtung des Windes bewegt. Dies kann besonders gut an Gegenständen beobachtet werden, die in den Wellen treiben: Sie verändern ihre Lage nicht, bewegen sich aber auf und ab.
Erst in Ufernähe kommt es zu einer Horizontalverlagerung von Wasserteilchen. Wenn die Wassertiefe (D) etwa der halben Wellenlänge (L) entspricht (s. M 2), werden die vertikalen Kreisbewegungen durch die Reibung am Boden behindert. Die Wellenhöhe nimmt zu, die Welle wird kürzer und steiler. Die Welle wird zu einem Brecher, der in sich zusammenfällt. Das Wasser strömt als Wellenauflauf die Strandböschung hinauf. Als Wellenrücklauf strömt es dann wieder meerwärts.

↓ *„Monsterwellen, Riesenwellen, Freakwaves: Diese Bezeichnungen gelten alle für dasselbe Phänomen: Wellen, die wesentlich größer sind als die in einem bestimmten Seegebiet normalerweise auftretenden Wellen. Genauer: Man spricht von Monsterwellen, wenn sie das Doppelte der höchsten Wellen erreichen, die in einem Seegebiet über einen bestimmten Beobachtungszeitraum gemessen werden. Statistisch gesehen erreicht eine von 10 000 Einzelwellen diese Größe, manchmal bis zu 30 Metern Höhe.*
Innerhalb der letzten 20 Jahre sind ca. 200 Hochseefrachtschiffe mit über 200 Meter Länge verloren gegangen. In vielen Fällen sollen die Monsterwellen der Grund für die Untergänge sein. Solche Wellen unterscheiden sich stark von den sonstigen Meeresbewegungen, welche regelmäßig und wissenschaftlich nachvollziehbar sind. Weder der Grund des Auftretens noch die physikalische Beschaffenheit dieser Wellen konnte bis zum heutigen Tage geklärt werden. Einige Regionen scheinen stärker von diesen Phänomenen betroffen zu sein als andere, u. a. die Regionen des Golf-, Agulhas- und Kuroshiostroms, dem Nantucket-Flach oder der Region um Kap Horn. Grundlegende Mechanismen der Entstehung der Monsterwellen können Interaktionen zwischen Wellen und Strömungen oder Wellenbrechungen an seichten Stellen oder an Inseln sein. Möglicherweise spielt auch das Aufeinandertreffen von Wellen verschiedener Frequenzen eine Rolle.“

http://www.klett.de/sixcms/list.php?page=miniinfothek&miniinfothek=Geographie&article=Infoblatt+Freakwaves

M2 Brechen der Wellen beim Auflaufen auf den Strand

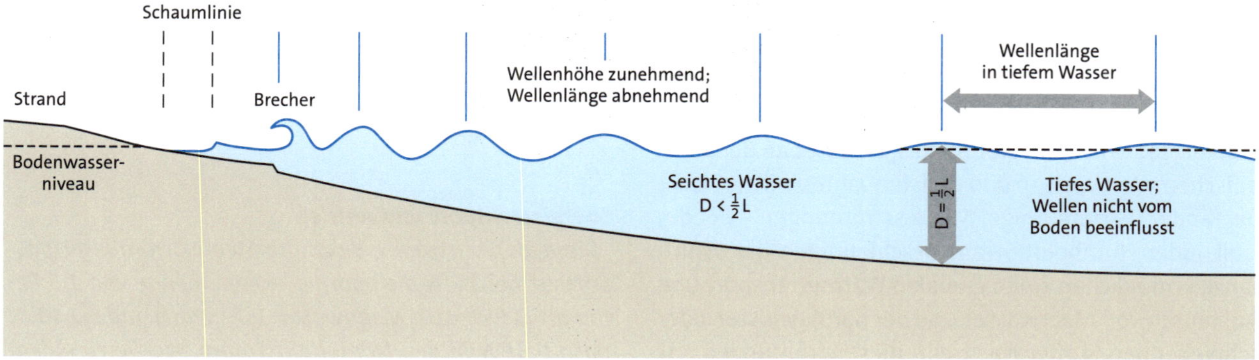

Nach Alan H. Strahler, Arthur N. Strahler: Physische Geographie. Stuttgart: Ulmer UTB, 2005, S. 438, Übersetzer: Frank Ahnert

↓ *„Der aus dem Japanischen stammende Ausdruck Tsunami bedeutet ursprünglich ‚(lange) Welle im Hafen' und hat sich mittlerweile weltweit als Bezeichnung für ein Phänomen etabliert, dessen immense Zerstörungskraft seit jeher den Menschen zutiefst erschreckt. Vereinfacht gesagt sind Tsunamis durch geologische Erschütterungen ausgelöste Wellen, die aufgrund ihrer physikalischen Eigenschaften beim Auftreffen aufs Festland eine besonders zerstörerische Wirkung entfalten. Bei gewöhnlichen, also durch Wind verursachten Meereswellen führen die an der Oberfläche befindlichen Wassermoleküle eine kreisförmige Bewegung aus. Die Welle transportiert also kein Wasser, sondern nur diesen Bewegungszustand und damit Energie. Diese Wellen laufen infolge der Überlagerung von sehr vielen Teilwellen mit der Zeit auseinander, man spricht hierbei von Dispersion: Die Wellenkämme werden niedriger, die Wellenlänge größer. ... Im Gegensatz dazu jedoch sind Tsunamis Vertreter der Solitonen, einer Gruppe von Wellenphänomenen, welche durch praktisch dispersionsfreie Fortbewegung gekennzeichnet sind. Das bedeutet, dass die Wellen mit zunehmender zurückgelegter Strecke und Zeit nicht auseinander laufen, sondern fast ihre gesamte Energie beibehalten, bis sie mit verheerenden Folgen auf eine Küste treffen. ...*

Sie verhalten sich also selbst im mehrere Tausend Meter tiefen Ozean wie Flachwasserwellen. Entscheidend ist hier das Verhältnis von Wassertiefe zur Wellenlänge, also der Entfernung von Wellenkamm zu Wellenkamm: Liegt diese bei gewöhnlichen Wellen bei rund 400 Metern, so haben Tsunamis eine Wellenlänge von zehn bis mehreren 100 Kilometern, der Ozean ist im Verhältnis also eher flach. Physikalisch gesehen schwingt bei Tsunamis also immer der gesamte Wasserkörper bis zum Ozeanboden mit, was auch zur Folge hat, dass derartige Wellen etwa durch unterseeische Gebirge abgelenkt werden können.

Entstehung, Ausbreitung und Wirkung

Tsunamis entstehen infolge geologischer Prozesse wie Seebeben, Erdrutsche oder Vulkanausbrüche. Dabei pflanzt sich durch Energieübertragung die Erschütterung des Meeresbodens im Wasser fort, Wellen entstehen, die sich radial um den Erschütterungsherd herum ausbreiten. Nicht jedes Seebeben löst jedoch einen Tsunami aus, so muss das Beben zum einen eine senkrechte Erdbewegung beinhalten, zum anderen ist eine Stärke von 7 oder mehr auf der Richterskala Voraussetzung. Tsunamis haben eine enorme Geschwindigkeit von 600 bis 800 km/h (gegenüber etwa 90 km/h bei gewöhnlichen Wellen) und können damit selbst weit vom Entstehungsort entfernte Küsten innerhalb kürzester Zeit erreichen. Die Kammhöhe von i. d. R. weniger als einem Meter auf offener See ist vor allem in Bezug zur Wellenlänge so gering, dass diese Welle von einem Schiff aus nicht zu bemerken ist.

Mit abnehmender Wassertiefe im Küstenbereich reduziert sich die Ausbreitungsgeschwindigkeit, aus Gründen der Energieerhaltung wachsen die Wellen aber auf Höhen von bisweilen über 30 Metern an. Von Erdbeben ausgelöste Wellen sind i. d. R. allerdings höchstens 15 Meter hoch, da durch die Bewegung der Erdplatten selten größere Impulse freigesetzt werden. ... Das der Welle vorausgehende Wellental führt dazu, dass sich das Meer kurz vor Eintreffen des Tsunamis bisweilen kilometerweit vom Strand zurückzieht – für Neugierige eine tödliche Falle. ... Ein Tsunami besteht nicht nur aus einer Welle, vielmehr handelt es sich um eine Serie, deren Kämme meist im Abstand von zehn bis 45 Minuten eintreffen."

Sebastian Siebert. Geographie Infothek. Infoblatt Tsunamis
http://www.klett.de/sixcms/list.php?page=miniinfothek&miniinfothek=Geographie&node=Tsunamis&article=Infoblatt+Tsunamis

1 *Vergleichen Sie Entstehung von Meereswellen, Brechern und Tsunamis.*

2 *Am 26. Dezember 2004 ereignete sich vor der Nordwestküste Sumatras ein starkes Seebeben, welches mehrere Tsunamis auslöste, die weite Küstengebiete des Indischen Ozeans verwüsteten. Etwa 230 000 Menschen kamen in den Fluten ums Leben, Millionen wurden obdachlos und verloren ihren gesamten Besitz. Am stärksten betroffen waren die im Norden der indonesischen Insel Sumatra gelegene Region Aceh, die westthailändische Ferienregion um Phuket und die Ostküste Sri Lankas.*
Gestalten Sie eine Präsentation, die Ursachen und Folgen dieser Naturkatastrophe darstellt.

Meeresströmungen

Weshalb benötigten im 19. Jahrhundert amerikanische Schiffe bis zu zwei Wochen weniger zur Nordatlantiküberquerung in West-Ost-Richtung als die englische Konkurrenz? Weshalb gibt es ausgerechnet an der peruanischen Westküste in den meisten Jahren reiche Fischbestände? Großräumige Meeresströmungen wie der Golf- oder Humboldt-Strom beschleunigen die Schifffahrt, ermöglichen einen globalen Wärmetransport und Austausch von Meerwasser und der darin gelösten oder schwebenden Stoffe. Was treibt diese Strömungen an? Eine Flüssigkeit ist solange in Ruhezustand, bis äußere Kräfte auf sie einwirken oder ihr Zustand nicht mehr homogen ist. Die Gründe für Meeresströmungen sind demnach neben den Gezeiten, Winde, sowie die unterschiedlichen Wassertemperaturen und Salzgehalte. Eine Meeresströmung, die aufgrund eines Dichtegradienten entsteht, der wiederum seine Ursache in räumlichen Unterschieden von Wassertemperatur und Salzgehalt hat, wird als thermohaline Zirkulation bezeichnet.

Der Golfstrom: Beispiel für eine thermohaline Zirkulation

↓ *„Als Golfstrom wird traditionell die ... starke horizontale Meeresströmung an der Oberfläche bezeichnet, die nahe der US-amerikanischen Ostküste von Florida bis North Carolina verläuft. Bei Kap Hatteras auf 35 Grad Nord löst sich der Strom von der Küste und dringt als gebündelter Strahlstrom mit etwa 5 km/h auf 50 km Breite in den offenen Atlantik vor ... Nach etwa 1 500 km verliert sich der Charakter als gebündelter Strom, man bezeichnet die Verzweigungen als Golfstromausläufer, den nach Norwegen reichenden Ast auch als Nordatlantischen Strom."*

Ernst Maier-Reimer. Was ist der Golfstrom? http://www.mpimet.mpg.de/presse/faqs/was-ist-der-golfstrom.html (Max-Planck Institut für Meterologie)

Energietransport und Antrieb

↓ *„Diese als Golfstrom ... bekannte Meeresströmung transportiert bei 24 °N die enorme Energiemenge von 1,3 Petawatt (1 PW = 10^9 Megawatt = $1\,0^{15}$ Watt) und bei 48 °N noch 0,6 PW in den Nordatlantikraum, wo sie zu einem großen Teil an die Atmosphäre abgegeben wird, das regionale Klima um bis zu 10 °C erwärmt und in Folge der vorherrschenden Westwinde für das außerordentlich milde Klima in Nordwesteuropa sorgt ...*
Die Abkühlung des Oberflächenwassers in der GIN-See (Meer zwischen Grönland, Island und Norwegen) und Labrador-See und der mitgebrachte hohe Salzgehalt, der durch die Bildung von Meereis noch weiter erhöht wird, verleihen den Wassermassen eine so hohe Dichte, dass sie in gewaltigen Mengen (17 Mio. m³/s) bis in Tiefen von zwei bis drei Kilometern absinken. Diese Absinkvorgänge wirken wie ein Sog und ziehen immer wieder neue warme und salzreiche Wassermassen aus der Karibik nach Norden. In der Tiefe strömen sie dann als nordatlantisches Tiefenwasser in einer Größenordnung nach Süden zurück, die etwa 20 Mal so hoch wie der Abfluss aller Flüsse der Erde und um einiges größer als die gesamte globale Niederschlagsmenge ist."

Dieter Kasang. Klimawandel und Klimafolgen. http://lbs.hh.schule.de/index.phtml?site=themen.klima. Hamburger Bildungsserver

M 1 ***Der Golfstrom – Normalsituation***

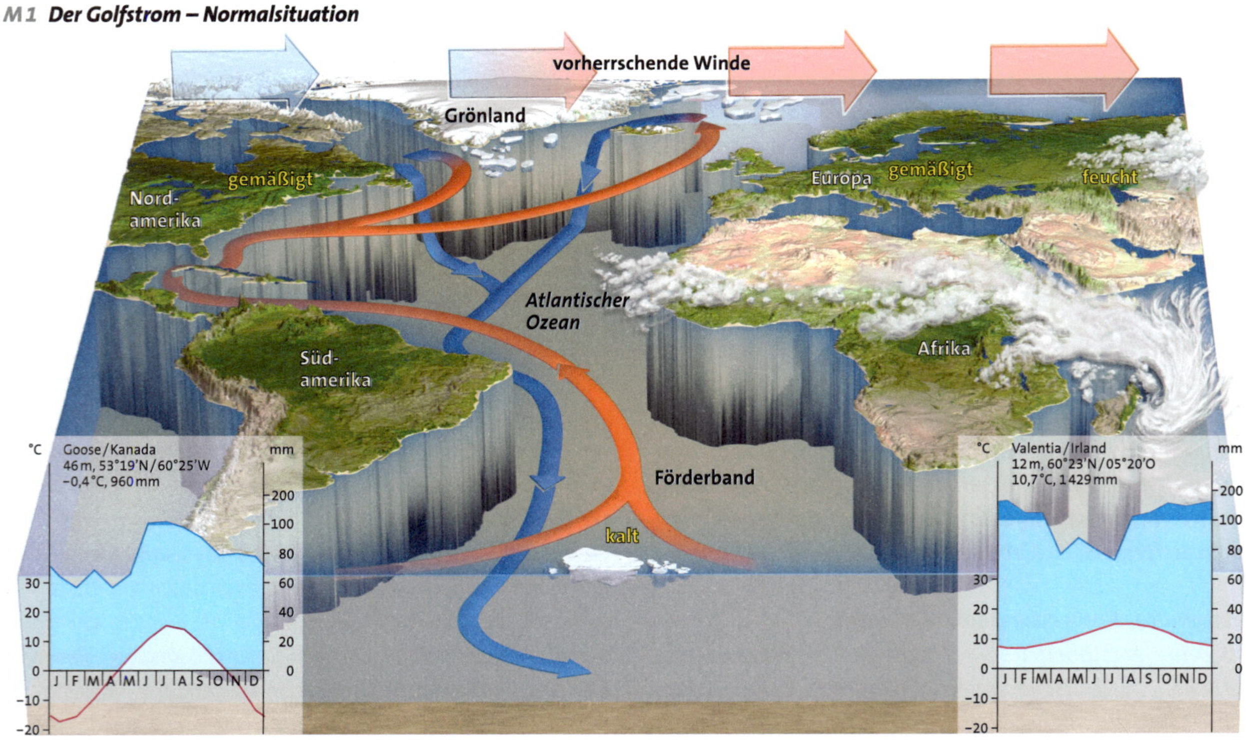

US-Illustrator David Fierstein

El Niño

„El Niño heißt ‚der Knabe' und bedeutet auch ‚Christkind'. So tauften peruanische Fischer die jedes Jahr zur Weihnachtszeit einsetzende Erwärmung des Wassers vor ihrer Küste. Das Ansteigen der Meeresoberflächentemperaturen markiert das Ende der Fischfangsaison. Im Frühjahr kehren die Fische gewöhnlich wieder zurück. Heute bezeichnet man nur noch die besonders starken und etwa ein Jahr andauernden Erwärmungen als El Niño. Diese treten etwa alle 4 bis 9 Jahre auf.

Die als El Niño bezeichnete Erwärmung des äquatorialen Ostpazifik ist Teil eines Klimageschehens, das auf Wechselwirkungen zwischen Ozean und Atmosphäre beruht. Wissenschaftler haben dafür den Begriff ENSO (El Niño-Southern Oscillation) geprägt. Als Southern Oscillation wird eine langsame Schwankung des Luftdrucks zwischen Indischem Ozean und tropischem Pazifik bezeichnet (markiert durch die Luftdruckdifferenz Darwin/Tahiti). Als Entdecker gilt der Tropenmeteorologe Sir Gilbert T. Walker.

Vorgänge in ‚normalen' Jahren

Ein starkes südostpazifisches Hochdruckgebiet bewirkt kräftige Passatwinde. Diese verstärken den Humboldtstrom und treiben Oberflächenwasser entlang dem Äquator nach Westen. Vor Australien und Indonesien erhöht sich dadurch der Meeresspiegel um etwa 50 cm. Im äquatorialen Bereich des westlichen und östlichen Pazifik entsteht ein Unterschied der Meeresoberflächentemperaturen von 8–10 K. Im Ergebnis dieses starken Temperaturgefälles verstärken sich auch die Luftdruckunterschiede und eine weitere Luftzirkulation, die so genannte Walker-Zirkulation stellt sich ein. Der aus den Passaten entstehende äquatorparallele Ostwind führt zu einem Abströmen von Luftmassen aus dem Ostpazifik, welches durch absinkende Luft ausgeglichen wird. Über den Kaltwasserbereichen vor der Westküste Südamerikas entsteht so ein Hoch mit absinkender Luftbewegung und östlicher Luftströmung zum Tief im Osten Indonesiens bzw. Australiens.

Vorgänge in El Niño-Jahren

Das südostpazifische Hochdruckgebiet schwächt sich ab. Damit lassen die Passatwinde und der Humboldtstrom nach. Das im Westpazifik ‚aufgestaute' Wasser schwappt nach Osten zurück und führt zu einer Erhöhung des Meeresspiegels vor der südamerikanischen Küste um 10–20 cm. Mit dem warmen Wasser verschiebt sich auch das äquatoriale Tiefdruckgebiet über dem Westpazifik nach Osten. Dabei kehrt sich die Walker-Zirkulation um. Vor den Küsten Indonesiens bzw. Australiens sinkt Luft ab und strömt bodennah nach Osten. Dieser Westwind, der Strom warmen Wassers und die mit dem Tief verbundenen Niederschläge erreichen die Westküste Südamerikas. Beim Auftreffen der Warmwasserströmungen, die auch Kelvinwellen genannt werden, auf die Küste werden so genannte Rosbywellen ausgelöst, die nunmehr westwärts wandern und an den Küsten Australiens und Indonesiens wieder reflektiert werden und als Kelvinwellen erneut Richtung Osten wandern, jetzt allerdings kälteres Wasser heranführen und damit eine Abkühlung im Ostpazifik bewirken. Dieses Ereignis heißt La Niña, die Schwester von El Niño."

Egbert Brodengeier. Praxis Geographie, H. 3, 2000, S. 12, Bildungshaus Schulbuchverlage Westermann, Schroedel, Diesterweg, Schöningh, Winklers, Braunschweig

M2 El Niño-Situationen im Pazifik

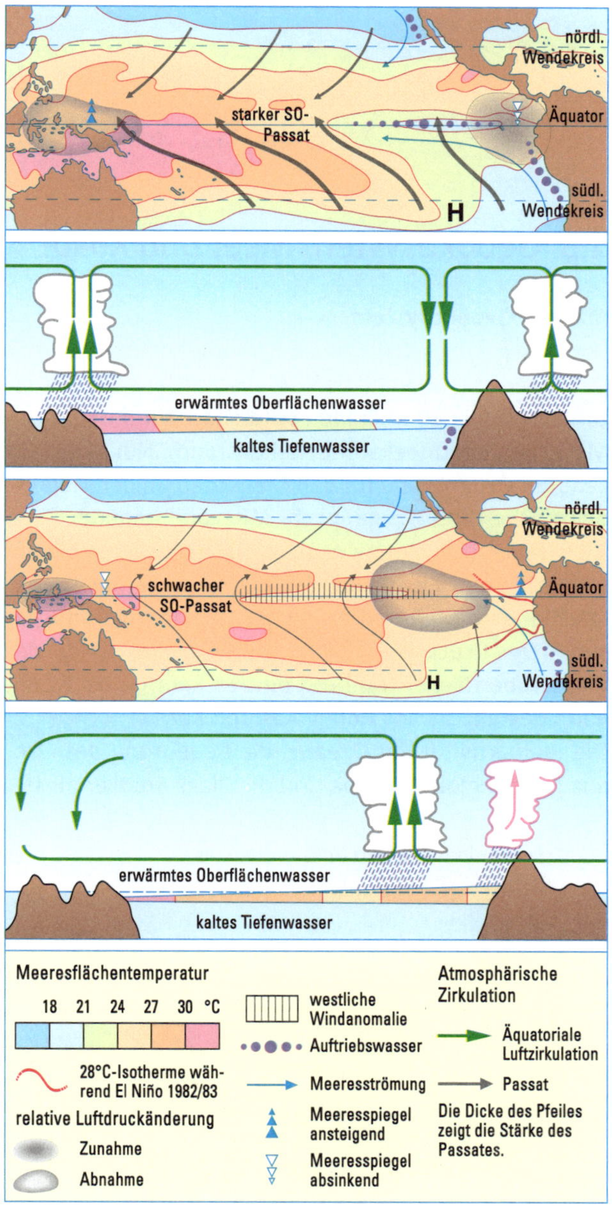

Arno Kreus, Norbert von der Ruhren (Hrsg.): Fundamente. Geographie Oberstufe. Stuttgart, Leipzig: Klett 2008, S. 35

1 Erstellen Sie ein Wirkungsgefüge, welches die Folgen einer Abkühlung des Oberflächenwassers im Nordatlantik darstellt.

2 Erklären Sie am Beispiel von ENSO, wie große Ozeanflächen durch Wechselwirkung mit der Atmosphäre die Zirkulation in den Tropen steuern.

M1 ***Steilküste der Insel Rügen***

2.3 Geoökosystem Meer und Küste

Marines Geoökosystem

Das Meer ist – obwohl die Wissenschaftler seine Artenzahl auf bis zu 10 Millionen schätzen – für die meisten Menschen ein unbekannter Lebensraum. Nur zwei Prozent der Ozeane sind für den Menschen an der Meeresoberfläche direkt zugänglich. Mit zunehmender Tiefe wird Sauerstoff Mangelware. Vorherrschend sind tiefe Finsternis und Eiseskälte. Organismen wie der Mundstachler sind weiteren extremen Bedingungen ausgesetzt: Der Druck ist 400–1100 mal höher als an der Wasseroberfläche. Nahrung gibt es kaum, und wenn, dann besteht sie aus Abfall, Aas und Kot.
Die Produktivität der Ozeane, die Bedeutung des Ozeans für das globale Klima und die Black Smoker als besonderes Ökosystem sind drei Besonderheiten mariner Ökosysteme, die im Folgenden dargestellt werden.

Die Produktivität mariner Ökosysteme
Obwohl 71 % der Erdoberfläche von Ozeanen bedeckt sind, entfallen auf die Ozeane nur etwa 44 % der globalen Bruttoprimärproduktion.
Die Produktivität mariner Ökosysteme schwankt zwischen 0,2 und 1 g gebundenem Kohlenstoff pro Quadratmeter Meeresoberfläche am Tag in hochproduktiven küstennahen Zonen wie der Westküste Südamerikas. Dort liefert kaltes Auftriebswasser die notwendigen Mineralstoffe für die Fotosynthese. In den warmen tropischen Ozeanen sinkt die Produktivität auf 0,08 g $C \cdot m^{-2} \cdot d^{-1}$. Das ist deutlich weniger als die Produktivität des tropischen Regenwaldes mit 0,7 g $C \cdot m^{-2} \cdot d^{-1}$.

M2 ***Schema eines marinen Nahrungsnetzes***

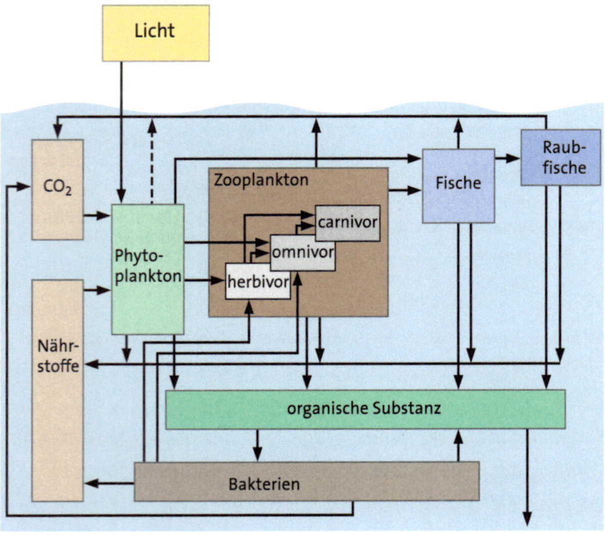

Nach Milena Kreft und Joachim Dengg, Schülerseiten des Leibnitz-Instituts für Meereswissenschaften, Kiel. www.ifm-geomar.de

M3 ***Verteilung der pflanzlichen Urproduktion im Meer (gemessen am organisch gebundenen Kohlenstoff)***

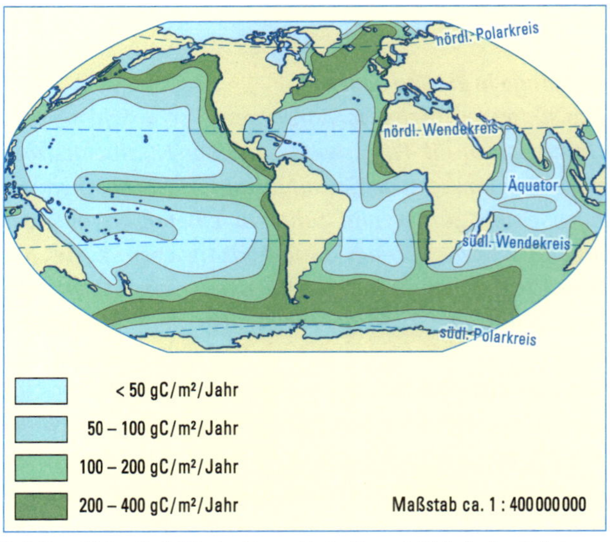

Nach Hans-Günther Gierloff-Emden: Geographie des Meeres. Teil 2. Berlin, New York: de Gruyter 1980, S. 719

M4 ***Der ozeanische Kohlenstoffkreislauf***

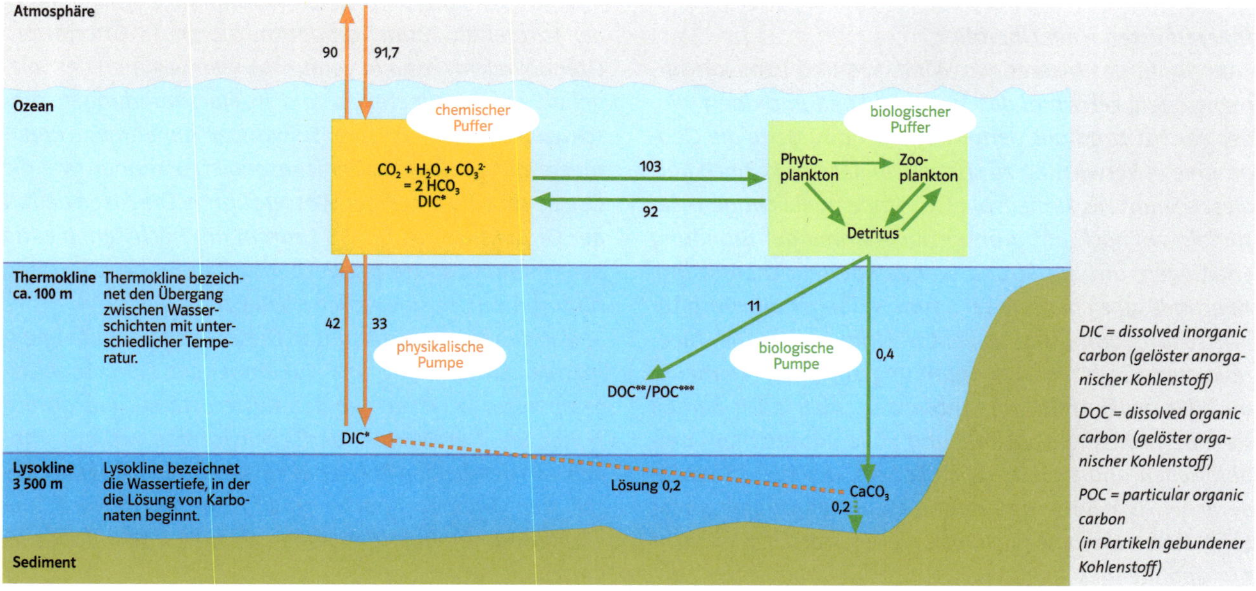

Nach IPCC: Climate Change 2001: Cambridge and New York 2001, Fig. 3.1, auf Hamburger-Bildungsserver.de, Juni 2008

Die Bedeutung der Meere im globalen Kohlenstoffkreislauf

Im globalen Kohlenstoffkreislauf sind die Ozeane sowohl CO_2-Senken als auch CO_2-Quellen: Jährlich werden etwa 90 Gt ausgetauscht. Von den anthropogenen Kohlenstoffdioxidemissionen nehmen die Ozeane etwa 30 % auf. Dieser CO_2-Austausch findet in der obersten, etwa 100 m mächtigen Wasserschicht statt. Dort kommt anorganischer Kohlenstoff (DIC) als gelöstes CO_2-Gas, als Hydrogencarbonat (HCO_3^-) und als Karbonat (CO_3^{2-}) vor. Ein Teil des gelösten Kohlenstoffs wird mit kalten Meeresströmungen in tiefere Schichten der Ozeane transportiert („physikalische Pumpe"). Der andere Teil wird im Prozess der Fotosynthese vom Phytoplankton aufgenommen. Über die Nahrungskette gelangt es auch ins Zooplankton. Die abgestorbenen Lebewesen (POC) sinken in die Tiefen der Meere („biologische Pumpe"), wo ein Teil des fixierten CO_2 in Lösung geht (DOC). Ein kleiner Teil gelangt bis auf den Meeresboden und wird dem Austausch mit der Atmosphäre entzogen.

Black Smoker als Ökosystem

↓ *„Black Smoker entstehen an den Schwächezonen der ozeanischen Erdkruste. Hier kann das Meerwasser durch Risse in der Kruste in tiefere Erdschichten eindringen. In Tiefen bis zu 1 500 m wird das Wasser auf ca. 400 °C erwärmt. Der große Druck verhindert das Verdampfen des Wassers, es bleibt also flüssig. Das erhitzte Wasser reichert sich mit vulkanischen Gasen an und wird zu einem explosiven Gemisch, welches wieder nach oben zum Meeresgrund drängt. Auf dem Weg dorthin nimmt das Wasser zahlreiche Mineralstoffe auf wie z. B. Schwefelverbindungen oder Schwermetalle. Dadurch wird das Wasser sehr sauer. Es ist sogar saurer als Essig und daher giftig. An der Oberfläche, dem Meeresgrund, trifft das ca. 350 °C heiße Quellwasser auf das 2 °C kalte Ozeanwasser. Bei der schnellen Abkühlung kommt es zur Ausfällung und Ausflockung der gelösten Minerale als schwarzgraue Sedimente – daher die schwarzen Wolken. Die Sedimente lagern sich am Meeresgrund ab und bilden mit der Zeit hohe Schlote. …*

Trotz der extremen Bedingungen konnte in und um Black Smoker Leben entstehen und sich ein vielfältiges Ökosystem entwickeln. Die Black Smoker bilden ein eigenes Biotop mit zahlreichen Arten, die nur hier existieren können. Die Basis der Nahrungskette bilden Bakterien. Diese gewinnen ihre Energie nicht aus Sonnenlicht, sondern aus dem Abbau von den im Wasser gelösten Schwefelwasserstoffen (= Chemosynthese). Außerdem können sich Bakterien am besten an extreme Bedingungen anpassen. Sie besitzen thermostabile Enzymsysteme und Zellbestandteile.

Die Bakterien sind die Nahrungsgrundlage für höhere Organismen wie z. B. für Röhrenwürmer, blinde Krabben, Seesterne, Muscheln und sogar einige Fische, die in der Umgebung der Black Smoker leben. Forscher haben bereits über 350 Tierarten entdeckt. Davon waren 95 % bisher unbekannt. … In der Tiefsee sind die Black Smoker die am dichtesten besiedelten Lebensräume.

Sabine Seidel. Geographie Infothek. Infoblatt Black Smokers. http://www.klett.de/sixcms/list.php?page=miniinfothek&miniinfothek=Geographie&article=Infoblatt+Black+Smoker

1 *Erläutern Sie die Unterschiede zwischen der Fruchtbarkeit tropischer Meere und jener der höheren Breiten.*

2 *Die Prozesse im ozeanischen Kohlenstoffkreislauf sind temperaturabhängig. Beschreiben Sie die Auswirkungen einer Temperaturerhöhung des ozeanischen Oberflächenwassers auf den biologischen Puffer und die physikalische Pumpe.*

3 *Erklären Sie, weshalb sich an den Black Smoker vielfältige Ökosysteme entwickeln.*

Geoökosystem Küsten

Meeresküsten – ein Überblick

↓ *„Am Saum des Meeres, wo Wind, See und Land zusammentreffen, zerrt mal das Meer am Land und dann wieder wächst Land aus dem Meer, als ob es gelte die Geographie in Verwirrung zu stürzen. In der Antike noch galt dieser Saum als unheilvolles Gestade zwielichtigen Gesindels, wo nächtens grünbärtige Männer der Brandung entstiegen, um am Strand wandelnde Mädchen in ihre Abgründe zu ziehen. Dieser Saum ist längst umkämpfter Wirtschaftsraum und beliebtes Urlaubsziel. Die Meeresküsten sind zugleich Spannungszone der Elemente und der widerstreitenden Interessen. Aber auch bergen sie eine unfassbare Vielfalt und Fülle aquatischen, amphibischen und terrestrischen Lebens, das hier in veränderlichen Ökosystemen immer wieder neu aufeinander trifft. Deren Biologie und Ökologie zu erforschen ist nicht nur spannendes Abenteuer. Es ist zur dringlichen Notwendigkeit geworden, angesichts der Bevölkerungskonzentration an den Küsten und des beschleunigten globalen Wandels mit dem Anstieg des Meeres. Küsten reichen so weit landwärts wie der Einfluss des Meeres und so weit seewärts wie der Einfluss des Landes. Die Breite der Küstenzone ändert sich je nach den betrachteten Prozessen und Strukturen.*

Küstenökosysteme treten uns mit großer Formenvielfalt entgegen, in die am besten Ordnung zu bringen ist, wenn wir sie entlang von fünf Gradienten betrachten.
1. Vom Land ins tiefe Wasser: Lebensgemeinschaften zeigen eine Zonierung vom trockenen Land mit seinem schnellen Wetterwechsel über das vom Meer feuchte Ufer bis in ständig von Wasser bedeckte Meeresgründe. Dort nimmt das Licht ab, aber durch die große Wärmekapazität des Meeres verändern sich die physikalischen Lebensbedingungen zunehmend gedämpfter und langsamer. Dieser vertikale Gradient zeigt sich an allen Küsten und ist besonders deutlich in der Gezeitenzone des Meeres zu beobachten.
2. Vom Wellenschlag zur stillen See: Wo sich ständig hohe Wellen an steiler Küste mit tosender Brandung gegen das Ufer werfen, leben ganz andere Organismen als dort, wo in geschützten Buchten ein ruhiges Wasser sich dem Ufer anschmiegt. Bei diesem Stressgradienten, hervorgerufen durch die Exponiertheit zum Seegang, zeigt sich ein Optimum der Lebensbedingungen meist bei mittlerer Hydrodynamik.
3. Vom Fels zum Schlamm: In Abhängigkeit vom geologischen Ausgangsmaterial und der sortierenden Kraft der Wasserbewegung reicht das Spektrum von der Felsküste über steinige, kiesige, sandige bis zu schlickig-tonigen Küsten. Dieser Gradient der Partikelgrößen erweist sich im mittleren Bereich mit hin und her rollenden Steinen als lebensfeindlich, während auf Fels und in feinem Sand und Schlick sehr reiche Lebensgemeinschaften siedeln.
4. Vom Salz- zum Süßwasser: Während im offenen Meer der Salzgehalt kaum von den mittleren 35 Gramm pro Liter abweicht, kann in verdunstenden Lagunen der Salzgehalt rapide zunehmen und in Flussmündungen sehr schwanken und bis zum Süßwasser abnehmen. Randmeere mit großen Flusseinzugsgebieten können wie die Ostsee ständig brackiges Wasser führen. Die Artenvielfalt der Organismen ist bei 35 Gramm am höchsten, niedrig bei Erhöhung sowie im wechselhaften Brackwasser und nimmt dann im Süßwasser wieder zu.
5. Von den Polen zum Äquator: Dieser Gradient mit abnehmender Saisonalität und zunehmender Durchschnittstemperatur wirkt sich an den Küsten stärker aus als auf hoher See. Der Wechsel der Lebensformen verläuft ähnlich von den beiden Polen hin zu den Tropen, aber die beteiligten Organismenarten sind fast immer in Nord- und Südhemisphäre sowie zwischen Atlantik und Indopazifik verschiedene.

Ökosysteme
Mit diesen fünf Gradienten lassen sich den wichtigsten Ökosystemen der Küste gut umrissene Bereiche zuweisen.
– Mangroven wachsen nur in der obersten Zone des Vertikalgradienten, bei geringer Wellenexposition, von Sand bis Schlick, von vollmarin bis ins Süßwasser, aber nur in den Tropen und Subtropen.
– Salzwiesen gleichen Mangroven in den ersten drei Gradienten, werden bei abnehmendem Salzgehalt vom Röhricht verdrängt und haben ihr Hauptvorkommen in den gemäßigten Breiten.
– Seegraswiesen nehmen im Vertikalgradienten eine mittlere Position ein, gleichen ansonsten den Bereichen von Mangroven und Salzwiesen und reichen vom kaltgemäßigten bis ins tropische Klima.
– Großalgenwälder benötigen ständige Wasserbedeckung und gleichzeitig viel Licht und Wasserbewegung, felsigen Grund und vollmarinen Salzgehalt. In den Tropen fehlen sie.
– Küstennahe Korallenriffe kommen vorwiegend vom unteren Gezeitenbereich bis etwa 25 m Tiefe vor, benötigen Seegang und leiden unter Schlick, brauchen vollmarinen Salzgehalt und tropisch-subtropische Temperaturen.
– Sandige Strände treten bei starker bis mittlerer Wellenexposition auf, während Sand- und Schlickwatten des Gezeitenbereichs nur in geschützten Lagen zu großer Ausdehnung kommen. Die Artenzahl der Sand- und Schlickbewohner nimmt mit dem Salzgehalt und zu den Tropen hin zu.“

Karsten Reise: Meereskusten ein Überblick Aus: Faszination Meeresforschung. Ein ökologisches Lesebuch. (2006) Hempel Gotthilf, Hempel I., Schiel S. (Hrsg). Hauschild, Bremen: S. 199–202 (ohne Abb.)

M1 Grundbegriffe der Küstenmorphologie

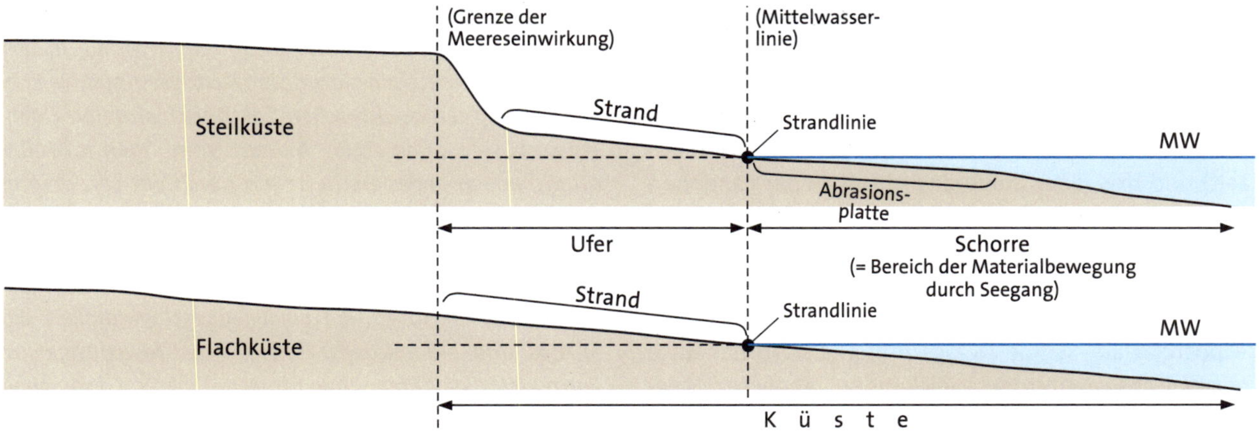

Nach Manfred Hendl und Herbert Liedke: Lehrbuch der Allgemeinen Physischen Geographie. Gotha: Perthes 1997, S. 210

M2 Prozesse der Küstenbildung

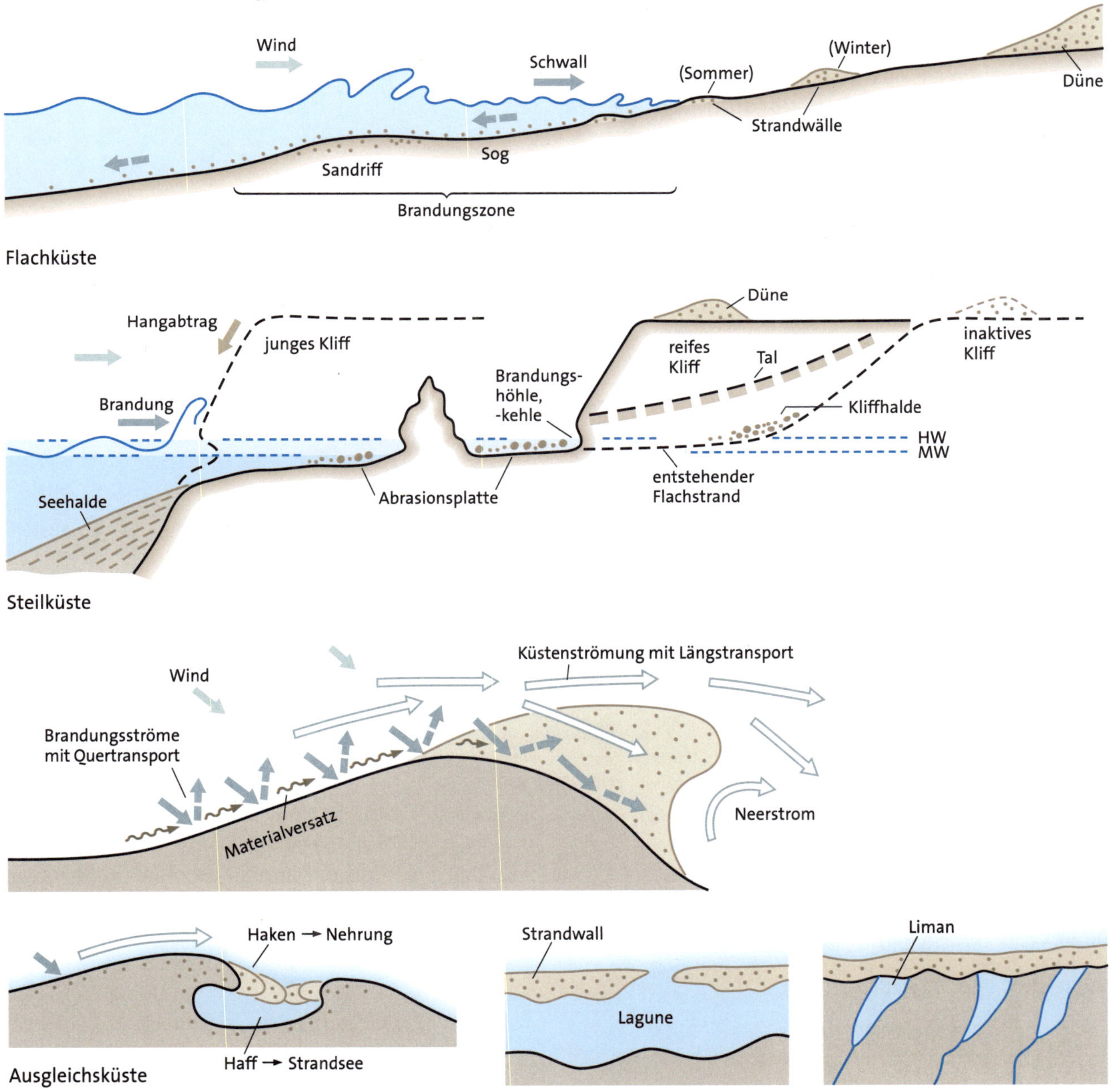

Nach Manfred Hendl und Herbert Liedke: a. a. O., S. 212

Klassifizierung von Küsten

Nach ihrer Entstehung lassen sich zwei Gruppen von Küstenformen unterscheiden:
Transgressionsküsten entstehen durch das Ansteigen des Wasserspiegels (ca. 80–100 m nach der letzten Eiszeit) und bzw. oder durch das Absinken der Landoberfläche, das über große Zeiträume hinweg stattfindet.
In Glaziallandschaften werden
– überflutete Trogtäler zu tiefen Fjorden mit steilen Seitenwänden,
– postglaziale Schmelzwasserrinnen zur Fördenküste mit weit ins Landesinnere reichenden, länglichen Meeresarmen,
– Rundhöckerlandschaften zur Schärenküste mit zahlreichen flachbuckligen Felseninseln und
– Grundmoränenlandschaften zur Boddenküste mit stark zergliederter Küstenlinie.
An Küsten mit starkem Tidenhub erweitert der Flut- und Ebbestrom die Flussmündung zum Ästuar.
Regressionsküsten entstehen z. B. durch Hebung des Landes, wie dies postglazial in Skandinavien zu beobachten ist.

Sonderfall Deltabildung

↓ *„Ein Delta kann nur entstehen, wenn die Sedimentzufuhr des Flusses größer ist als die Abtragung im Mündungsbereich. Dabei entstehen die größten Deltas sedimentreicher Flüsse an gezeitenschwachen, tektonisch stabilen Flachwasserküsten ohne starke Meeresströmungen im Mündungsbereich. Jedes Delta ist ein durch ein verzweigtes Netz von Flussarmen charakterisiertes Mündungsgebiet, wobei jeder einzelne Mündungsarm eine eigene so genannte Deltaprotuberanz aufschüttet. Im Mündungsbereich verlangsamt sich die Fließgeschwindigkeit des Flusses und die mitgeführten Sedimente gelangen in Form vieler kleinerer Schwemmkegel, deren Gesamtheit den Deltakörper bildet, zur Ablagerung. Zu den größten Deltas der Erde zählen das Ganges-Brahmaputradelta (80 000 km²), das Lenadelta (45 000 km²), das Orinocodelta (24 000 km²) und das Nildelta (22 000 km²).“*

Lexikon Geographie. Delta
http://www.klett.de/sixcms/list.php?page=miniinfothek_lexikon&miniinfothek=Geographie&artikel_id=146844

M1 ***Küstenformen und ihre Entstehung***

Genetischer Prozess		Präexistentes Relief	Küstentyp
Transgression	Abtragung Kliff- und Schorrenbildung	Trogtäler	Fjordküste
		subglaziäre Rinnentäler und Zungenbecken	Fördenküste
		Rundhöcker	Schärenküste
		fluviale Gebirgstäler	Riasküste
	Abtragung, Auflandung	Grund- und Endmoränenrelief / breite Zungenbecken	Boddenküste
	Wirkung von Gezeitenströmen	Flachtäler großer Tieflandsflüsse	Ästuarküste
Transgression, Regression	Auflandung im Gezeitenbereich unter Mitwirkung der Vegetation		Wattküste Mangroveküste
	biogener Küstenaufbau		Korallenriffküste

Wolfgang Hartke u. a. (Hrsg.): Lehrbuch der Physischen Geographie. Harri Deutsch: Thun und Frankfurt/Main 1987, S. 138

Küstenformen im Satellitenbild

M1 ***Deltaküste: Mündung der Donau ins Schwarze Meer***

http://satgeo.zum.de/satgeo/quicklooks/kueste_07.htm

M2 ***Boddenküste bei Rügen***

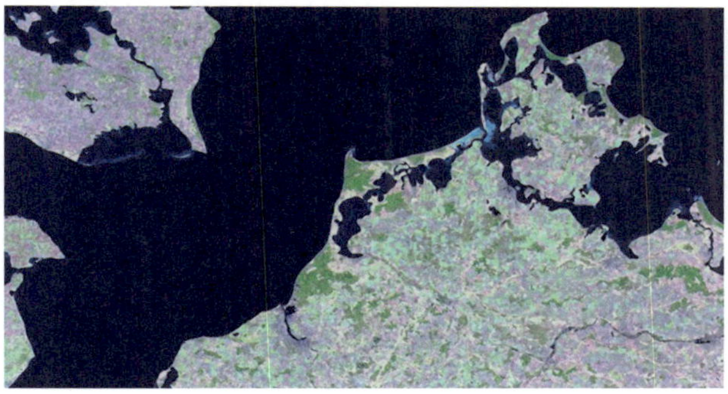

http://satgeo.zum.de/satgeo/quicklooks/kueste_20.htm

M3 ***Schärenküste bei Stockholm***

http://satgeo.zum.de/satgeo/quicklooks/kueste_15.htm

M4 ***Fjordküste Norwegen***

http://satgeo.zum.de/satgeo/quicklooks/kueste_14.htm

M5 ***Haffküste bei Danzig: Frisches Haff***

http://satgeo.zum.de/satgeo/quicklooks/kueste_23.htm

M6 ***Ausgleichsküste Dänemark***

http://satgeo.zum.de/satgeo/quicklooks/kueste_18.htm

M7 ***Wattenmeerküste Norddeutschland***

http://satgeo.zum.de/satgeo/quicklooks/kueste_26.htm

M8 ***Riasküste Nordwestspanien***

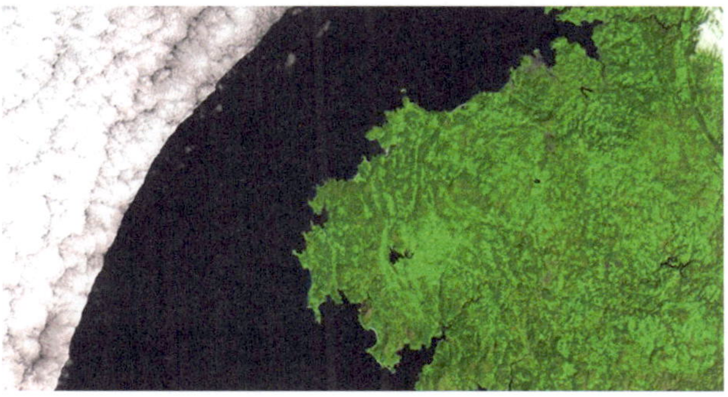

http://www.satgeo.de/satgeo/quicklooks/kuesten/kuefo_09.htm

3 Nutzung und Gefährdung von Meeren und Küsten

M1 ***Grad der Belastung der Weltmeere durch menschliche Einwirkungen***

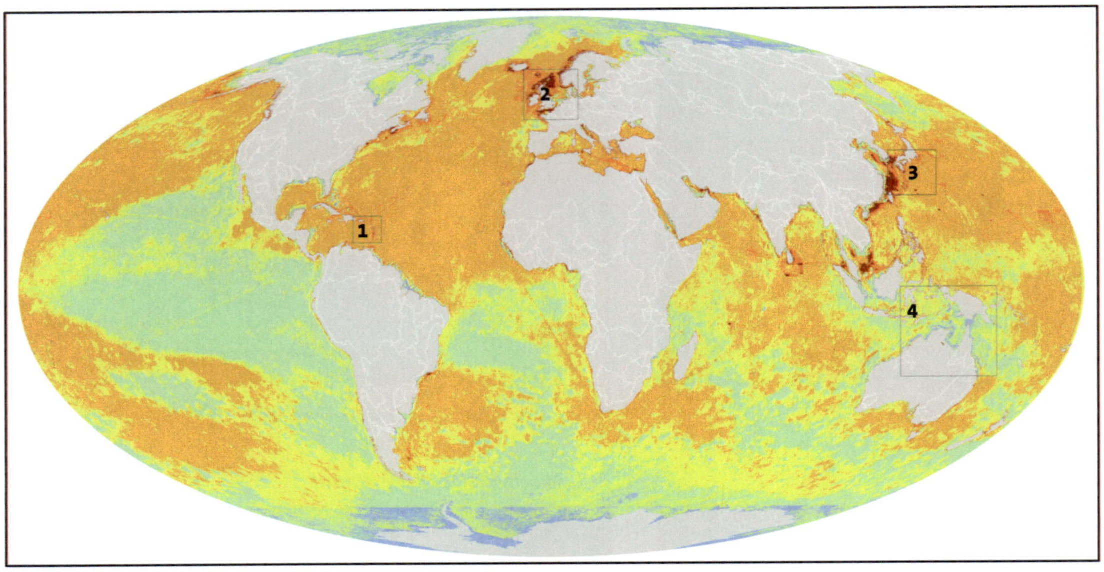

1. Östliche Karibik

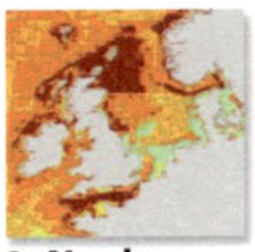

2. Nordsee

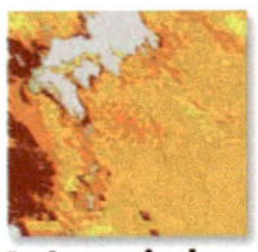

3. Japanische Meere

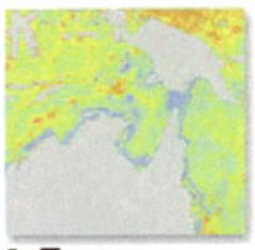

4. Torres-Straße

Meeresgebiete:

- Nahezu unberührt (<1.4)
- Kaum belastet (1.4-4.95)
- Mittlere Belastung (4.95-8.47)
- Stärkere Belastung (8.47-12)
- Hohe Belastung (12-15.52)
- Sehr hohe Belastung (>15.52)

http://www.sciencemag.org/cgi/content/full/319/5865/948/FIG1, Copyright Clearance Center Danvers, MA 01923.

Tourismus, Handel, Gewinnung von Rohstoffen, Energieumwandlung sowie Fischfang sind sicherlich die wichtigsten bekannten Nutzungen von Meeren und Küsten. Dabei wird übersehen, dass es eine Fülle von möglichen Funktionen und Nutzungen der Küsten und Ozeane gibt, die – als zum Teil von selbst ablaufende Prozesse – wirtschaftlich nicht direkt messbar sind, aber dennoch einen hohen Nutzwert haben.

Mehr als 40 % der Weltmeere sind gleichzeitig durch Umweltverschmutzung und Fischerei hoch belastet, nur noch 4 % der Ozeane gelten als unberührt. Der „Wissenschaftliche Beirat der Bundesregierung Globale Umweltveränderungen" (WBGU) nimmt in einem Sondergutachten „Die Zukunft der Meere – zu warm, zu hoch, zu sauer" zur Situation der Weltmeere Stellung:

↓ ***„Die Zukunft der Meere***

Neue wissenschaftliche Erkenntnisse verdeutlichen, dass der Klimawandel große Veränderungen und Schäden für die Meeresumwelt und die Küsten verursachen wird, die erhebliche Folgen für den Menschen haben dürften. Die Oberflächenschichten erwärmen sich, der Meeresspiegel steigt immer rascher an, die Meere versauern zunehmend und die Meeresökosysteme sind bedroht. Die Menschheit ist dabei, Prozesse im Meer anzustoßen, die in den letzten Jahrmillionen ohne Beispiel sind, gleichzeitig aber wegen der erheblichen geophysikalischen Verzögerungseffekte den Zustand der Weltmeere für Jahrtausende bestimmen werden."

WBGU: Die Zukunft der Meere – zu warm, zu hoch, zu sauer, Sondergutachten 2006, S. 1 (Stiftung Alfred-Wegener-Institut für Polar- und Meeresforschung)

Auch die Küsten rücken in Zukunft in den Blickpunkt. Schätzungen gehen davon aus, dass bis zum Jahr 2030 mehr als zwei Drittel der Weltbevölkerung am und vom Meer leben werden. Ein Großteil davon wird in Megastädten mit mehr als 10 Millionen Einwohnern wohnen. Die Küstenräume erfahren damit einen bemerkenswerten Strukturwandel. Die traditionellen Küsten- und Meeresnutzungen werden ergänzt durch weitere Nutzungen wie z. B. Marikulturen oder Gewinnung von Energie durch Offshore-Windenergieanlagen. Aus einem ursprünglichen „Naturschutz"-Raum wird ein in immer stärkerem Maße genutzter wirtschaftlicher und gesellschaftlicher „Entwicklungs"-Raum.

1 *Stellen Sie an jeweils einem Beispiel die Bedeutung der Ozeane und Küstengewässer für das Klima und die Versorgung mit Rohstoffen dar.*

2 *Erläutern Sie die Notwendigkeit und Bedeutung von Seerechtsvereinbarungen.*

M2 Bedeutung der Meere und ihrer Ökosysteme im Überblick (ausgewählte Beispiele)

Funktionen und Nutzungen	Funktions- und Nutzungsbeispiele	
	Ozeane	**Küstengewässer**
Regulationsfunktionen		
• Regulation d. lokalen Energie- u. Stoffbilanz	Wärmetransport durch Meeresströmungen	Sedimentablagerung am Kontinentalschelf
• Regulation der chemischen Zusammensetzung von Wasser	Ablagerung von Karbonaten und Salzen auf dem Meeresboden	Eintrag von Süßwasser an Flussmündungen; Ablagerung von (biogenem) Schlick u. Sediment
• Regulation des Wasseraustauschs zwischen Land und Meer	Meeresverdunstung als Motor des globalen Wasserkreislaufs	Oszillation der Salz-Süßwasser-Grenze
• Speicherung bzw. Verteilung von Nährstoffen und organischer Substanz	Ablagerung großer Mengen biogener Sedimente in Tiefseebecken	Bindung von festländischen Nährstoffen (N und P) an Sedimentpartikeln
• Regulation der biotischen Nahrungsnetze	Vorhandensein spezieller Laichgebiete (Sargassosee)	Verzahnung von Laich- und Aufwuchsräumen, z. B. Ästuare
• Nähr- und Schadstofffilterung	Sedimentation von Schwermetallen und Plankton	Existenz flacher Flutsäume (Seegras-, Salzwiesen)
• Erhaltung von Lebens- und Aufwuchsräumen	regionale Vielfalt thermischer, chemischer u. a. Bedingungen	großräumige Ökosysteme (Riffe, Mangroven, Watten)
• Erhaltung der Artenvielfalt	freie Fluktuation von Arten horizontal u. vertikal	Entwicklung raumspezifischer Artendiversität
Produktions- und Nutzungsfunktionen		
• Produktion von Trink- und Brauchwasser	(Meerwasserentsalzung)	Meerwasserentsalzung in Ballungs- und Trockengebieten
• Nahrungsproduktion	Hochseefischerei (z. B. auf Hering, Thunfisch), Großalgenernte	Küstenfischerei (z. B. auf Dorsch, Muscheln), Aquakultur
• Produktion von Rohstoffen, Baumaterial usw.	Manganknollen, Öl, Erdgas, Gashydratknollen	Sand, Korallenkalk, Mangrovenhölzer usw.
• Produktion biologisch-genetischer Ressourcen	langzeitliches Überleben von Arten	Ausprägung vielfältiger Artenspezifizierungen
• Raum- und Ressourcenangebot für Menschen	Förderplattformen	Küsten- und Inselsiedlungen; Subsistenzwirtschaft; Häfen
• Energienutzung	vertikaler Wärmeaustausch in Warmwassergebieten	Gezeitenkraftwerke, Onshore- und Offshore-Windanlagen
• Transport	Seeverkehr	Küstenschifffahrt
• Tourismus und Erholung	(Kreuzfahrten)	Ferienzentren, Segeln, Surfen
Informationsfunktionen		
• ästhetische Information	???	Naturerlebnisräume
• historisch-kulturelle Information	–	Küstenarchäologie
• erzieherische Funktion	Dokumentation mariner Lebewelt	Dokumentation spezifischer Küstenökosysteme (Korallen)
• naturwissenschaftliche Information	biologische Erkenntnisse	Ökosystemforschung

Horst Sterr, Venugopalan Ittekot, Richard J. T. Klein: Weltmeere und Küsten im Wandel des Klimas. In: Petermanns Geographische Mitteilungen, Pilotheft 2000. Gotha: Klett-Perthes 1999, S. 27, leicht verändert

M3 Ordnung der Meereszonen nach dem Seerechts-Übereinkommen der Vereinten Nationen

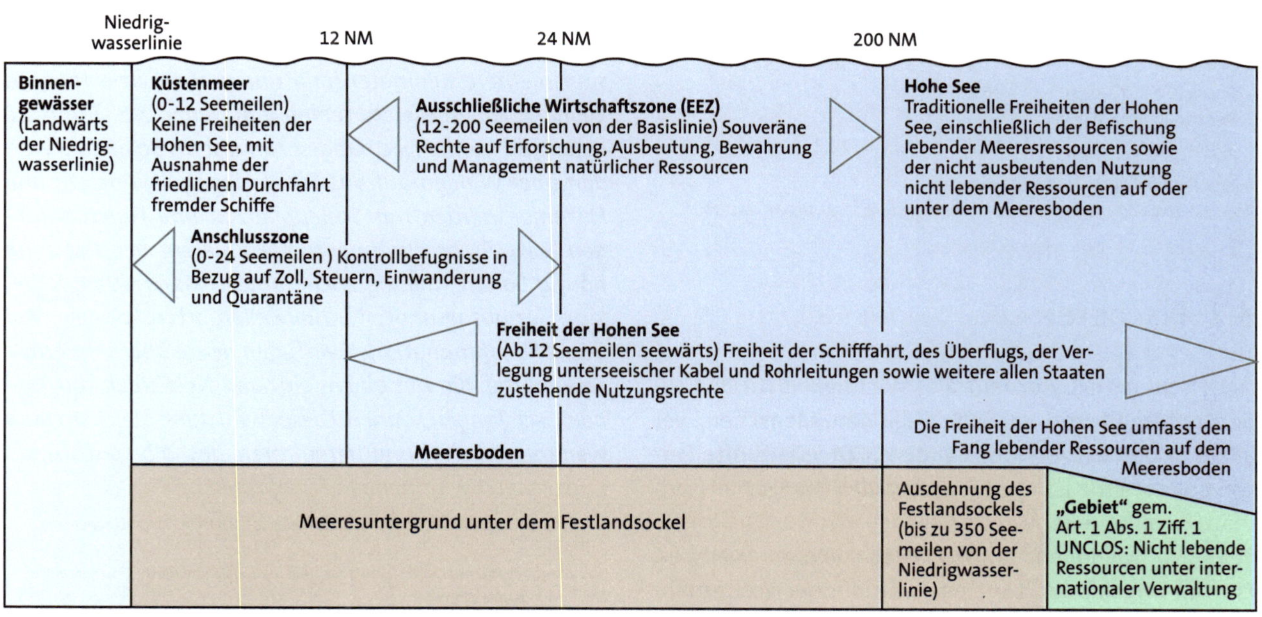

Nach Wissenschaftlicher Beirat der Bundesregierung Globale Umweltveränderungen, Sondergutachten 2006: Die Zukunft der Meere – zu warm, zu hoch, zu sauer, Seite 28 (Stiftung Alfred-Wegener-Institut für Polar- und Meeresforschung)

M1 ***Fabrikfangschiff mit Riesennetz***

M2 ***Die Entwicklung der Weltfischerei***

	2001	2002	2003 (Million tonnes)	2004	2005
Production					
Inland					
Capture	8,9	8,8	9,0	9,2	9,6
Aquaculture	22,5	23,9	25,4	27,2	28,9
Total inland	31,4	32,7	34,4	36,4	39,5
Marine					
Capture	84,2	84,5	81,5	85,8	84,2
Aquaculture	15,4	16,5	17,3	18,3	18,9
Total marine	99,6	101,0	98,8	104,1	103,1
Total capture	93,1	93,3	90,5	95,0	93,8
Total aquaculture	37,9	40,4	42,7	45,5	47,8
Total world fisheries	131,0	133,7	133,2	140,5	141,6
Utilization					
Human consumption	99,7	100,2	102,7	105,6	107,2
Non-food uses	31,3	33,5	30,5	34,8	34,4
Population (billions)	6,1	6,2	6,3	6,4	6,5
Per capita food fish supply (kg)	16,2	16,1	16,3	16,6	16,6

The State of World Fisheries and Aquaculture 2006.
ftp://ftp.fao.org/docrep/fao/009/a0699e/a0699e.pdf, Seite 19, 25.10.2008 (FAO, 2007)

3.1 Fischerei

Der Fischfang ist von zentraler Wichtigkeit für den Lebensunterhalt von ca. 200 Millionen Menschen, vor allem in den Entwicklungsländern. Für jede fünfte Person auf der Erde ist nach Angaben der UN Fisch die primäre Eiweißquelle.

Etwa 90 Millionen Tonnen Fisch werden weltweit jährlich angelandet. Laut einer Studie der Welternährungsorganisation FAO wirft man weitere 30 Millionen Tonnen Fisch und andere Meerestiere tot oder schwer verletzt zurück ins Meer. Sie werden beschönigend „Beifang“ genannt.

Diese maßlose Verschwendung kommt in allen Bereichen vor. Nach Angaben des World Wildlife Found (WWF) machen in der Shrimpfischerei die Beifangmengen bis zu 90 Prozent des Fangs aus. Bis zu 80 Prozent der Schollen, die in der Nordsee gefangen werden, werden als „unnützer“ Müll wieder zurück ins Meer geworfen. Die Fische sind zu klein. In den illegalen Treibnetzen, mit denen vor der Küste Marokkos Schwertfische für den europäischen Markt gefangen werden, sterben pro Jahr 100 000 Haie und über 16 000 Delfine.

Fischarten und Fangmethoden

↓ *„Grundsätzlich werden zwei verschiedene Arten von Fischen gefangen: Pelagische und Grundfische. Pelagische Fische leben in der Nähe der Wasseroberfläche (z. B. Tunfisch, Lachs, Sardine und Hering), Grundfische am Meeresgrund (z. B. Kabeljau, Heilbutt, Seezunge und Schellfisch). Pelagische Fische leben für gewöhnlich in Schwärmen und wechseln mit den Jahreszeiten ihr Revier. Grundfische leben nicht in Schwärmen und sind in der Regel standorttreu. Wirbellose Tiere (Muscheln, Hummer, Tintenfische u. a.) machen nur einen kleinen Teil des gesamten Fischereiertrages aus.*

Beim gewerblichen Fischfang werden zumeist Netze eingesetzt, von denen je nach Anforderung verschiedene Ausführungen existieren. In der Oberflächenfischerei werden vor allem Ringwadennetze eingesetzt. Diese werden an Schwimmern hängend um den Fischschwarm gelegt und dann unten mit einem Seil verschlossen. Kiemennetze werden meist an der Oberfläche treiben gelassen, um pelagische Fische zu fangen. Diese verfangen sich dann mit den Kiemen darin. Schleppnetze werden über den Boden gezogen, um Grundfische zu fangen. Zwei Scherbretter an der Netzöffnung halten das Netz während des Schleppens am Boden und geöffnet. Langleinen sind mehrere Kilometer lang und tragen viele tausend kleinere, köderbesetzte Leinen, mit denen z. B. Tunfische gefangen werden. Sie hängen zumeist an Bojen und werden über Winden auf das Schiff eingeholt. Austern und Hummer werden mit Schleppnetzen und Fallen gefangen. Um Fischschwärme zu lokalisieren, benutzt man häufig Sonare, die die Fische unter Wasser durch Reflexion der ausgesandten Schallwellen orten können. Moderne Fischfangnationen verfügen heute über sehr große Fangschiffe, die mit einem einzigen Netz über 100 Tonnen Fisch fangen können. Dieser wird dann gleich an Bord weiterverarbeitet und tiefgefroren, deshalb spricht man auch von schwimmenden Fischfabriken.“

Lars Pennig. Geographie Infothek. Infoblatt Fischerei, Fischarten, Fangmethoden und Probleme
http://www.klett.de/sixcms/list.php?page=miniinfothek&miniinfothek=Geographie&article=Infoblatt+Fischerei

Aquakultur – Landwirtschaft im Wasser

„Bei der Fischzucht (Aquakultur) findet eine vollständige Kontrolle der Fischproduktion statt. Man lässt die Brut aus dem Laich ausschlüpfen und gibt sie in Becken, in denen man sie füttert oder setzt sie in künstlich angelegten Teichen aus, wo sie sich natürlich ernähren. Handelt es sich um Zuchtanlagen im Meer, spricht man auch von Marikultur. Die Aufzucht von atlantischen Lachsen in Norwegen und von Meereskrabben in Ecuador sind zwei Beispiele. Die Zucht von einheimischen Fischen kann auch in vielen Entwicklungsländern wirksamer und billiger Protein liefern als der Fang frei lebender Fische.

Probleme bei der Lachszucht

In Norwegen wurde in den 1970er-Jahren die Zucht von Lachsen in freischwimmenden Käfigen erfunden. Die steigende Nachfrage nach preisgünstigem Lachsfleisch konnte durch den Fang von Wildlachsen nicht mehr befriedigt werden. Die Lachse werden auf dem Land gezüchtet und bis zu einer geringen Größe in Wannen aufgezogen. Danach gibt man sie in die Netzkäfige, die zumeist in norwegischen Fjorden verankert sind. Dort erhalten die Lachse vollautomatisiert Futter und Medikamente. Letztere werden oftmals nötig, da sich durch den hohen Besatz Schädlinge schnell vermehren können. Ansteckende Krankheiten erfordern in der Regel den Einsatz von Antibiotika. Die Fischfarmen verseuchen so ganze Fjorde durch Fischkot, Pestizide und Medikamente. Zusätzlich entkommen von Zeit zu Zeit Zuchtlachse aus den schwimmenden Käfigen und drohen dann die wilden Lachse zu verdrängen, da sie größer und stärker als ihre wilden Artgenossen sind. So kommt es zu einer Reduzierung der genetischen Vielfalt, was den Fortbestand der Art gefährden könnte, da nur die genetische Vielfalt Anpassungen bei sich verändernden Umweltbedingungen ermöglicht."

Lars Pennig. Geographie Infothek. Infoblatt Fischzucht. http://www.klett.de/sixcms/list.php?page=miniinfothek&miniinfothek=Geographie&article=Info blatt+Fischzucht

M3 ***Bedeutung der Aquakultur***

Aquaculture production by regional grouping in 2004

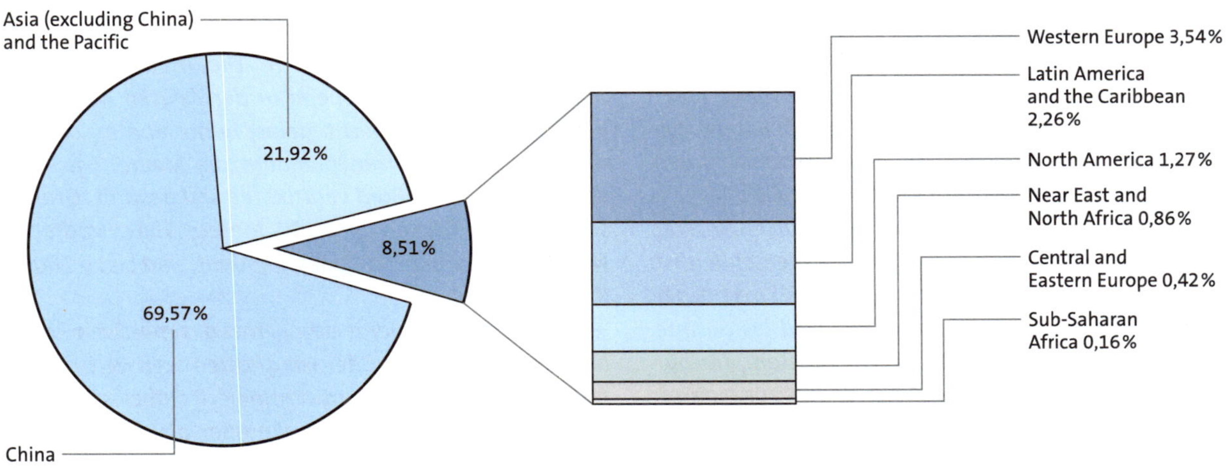

Trends in world aquaculture production: major species groups

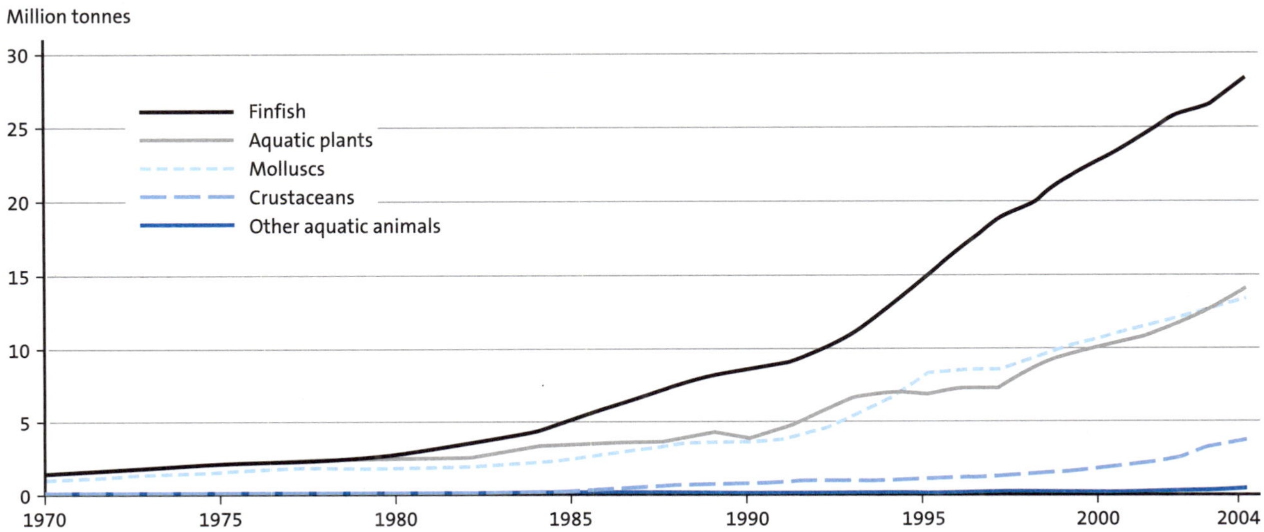

Nach FAO Fisheries and Aquaculture Department. The State of world fisheries and aquaculture, Rom 2007, S. 16 und 19

Überfischung

M 1 ***Global trends in the state of world marine stocks since 1974***

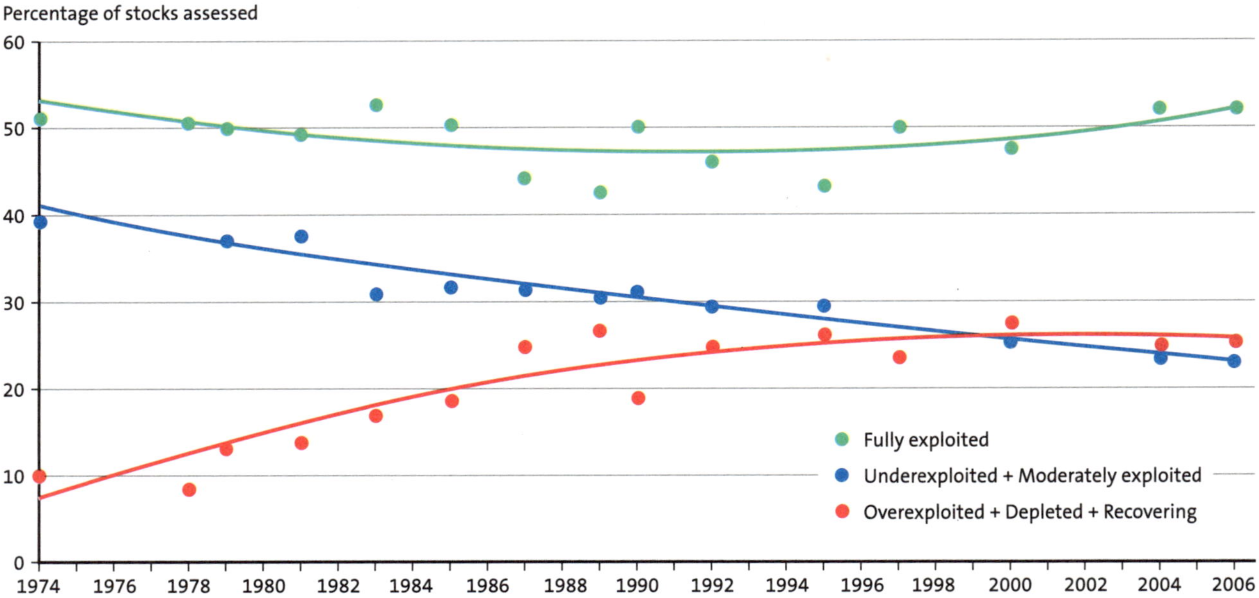

Nach The State of World Fisheries and Aquaculture 2006, Food and Agriculture Organization of the United Nations, Rome, 2007, Seite 3

Leere Ozeane bis 2050?

↓ *„Fisch ist gesund, lecker, beliebt – und extrem gefährdet. Durchschnittlich 16,5 Kilogramm Fisch verspeist jeder Mensch pro Jahr ... Das Milliarden-Geschäft boomt, die Preise steigen. 2004 erreichte das globale Exportvolumen ein neues Rekordhoch von 71,5 Milliarden Dollar.*

Angesichts der scheinbar unendlichen Ressourcen unserer Ozeane ist es kaum vorstellbar – aber die Menschheit ist dabei, die Meere komplett zu plündern. 77 Prozent der wirtschaftlich genutzten Fischbestände sind bis an ihre Grenzen ausgebeutet oder überfischt. Die Zahl der nur moderat genutzten Bestände ist seit den 1970er-Jahren bis heute von 40 auf 23 Prozent gesunken. Unser Guthabenkonto wird immer kleiner. Die weltweite Fischerei ist ein Kollaps-Programm. Vielen Fischereien – wie denen auf Nordsee-Kabeljau oder auf Roten Tunfisch im Mittelmeer – droht in absehbarer Zeit das Aus. Trotzdem verhalten wir uns noch immer so, als seien die Ozeane ein Selbstbedienungsladen mit unbegrenztem Angebot. Allein im Nordatlantik zwischen Europa und Nordamerika ist die Biomasse der genutzten Fischbestände in den letzten 100 Jahren auf ein Sechstel gesunken.

Bis Mitte des 21. Jahrhunderts könnten, so eine Studie kanadischer Wissenschaftler, alle wirtschaftlich genutzten Fischbestände komplett zusammenbrechen – wenn die Menschheit so weiter macht wie bisher. Weitere Umweltprobleme wie die Meeresverschmutzung oder der Klimawandel belasten die dezimierten Fischbestände zusätzlich.

Auch Verbote greifen nicht immer. Trotz des Moratoriums gegen den kommerziellen Walfang wurden seit Mitte der 1980er-Jahre fast 29 000 Wale getötet."

WWF Deutschland: Unsere Ozeane: Geplündert, verschmutzt und zerstört: WWF-Bericht über die Bedrohung der Meere und Küsten. Frankfurt am Main, Stand: Juni 2007 S. 4ff

↓ ***„Die wichtigsten Gründe für die Überfischung:***

– Schwimmende Fischfabriken: Die Industrialisierung hat das Gesicht der Fischerei in den letzten 40 Jahren komplett verändert. Nicht kleine, bunte Boote, sondern schwimmende Fabriken plündern die Meere. Oft wird der Fisch schon an Bord verarbeitet und gekühlt. Grundschleppnetze fischen in 2000 Metern Tiefe. Vorhang-Netze, auch ‚Wände des Todes' genannt, sind bis zu 100 (!) Kilometer breit.

– Plündern mit Steuergeldern: Trotz des massiven Raubbaus wird der Ausbau der Fangflotten weltweit mit elf Milliarden Euro im Jahr subventioniert. Dabei ist die globale Fangflotte bereits 2,5-mal größer, als eine nachhaltige Fischerei es erlauben würde.

– Piratenfischerei: Fast ein Drittel des globalen Fischfangs ist illegal. Schätzungen zufolge erzielen die Verkäufe aus Piratenfischerei zwischen vier und neun Milliarden US-Dollar jährlich. Auch die EU-Flotte fischt häufig kriminell – und bricht so die Quoten für bedrohte Arten wie den Roten Tunfisch im Mittelmeer oder den Nordsee-Kabeljau. Lasche Gesetze und fehlende Kontrollen haben mit Schuld an der Misere.

– ‚Augen zu und durch' – Politik: Die Fischereipolitik versagt. Regelmäßig ignorieren die verantwortlichen Gremien den Rat der Wissenschaftler, Fangquoten zu senken oder Fischereien zu schließen, damit sich die Bestände erholen können. Die 2002 reformierte EU-Fischereipolitik hat bislang ihre Versprechungen nicht gehalten – Europas Meere gehören zu den am stärksten überfischten Regionen der Welt."

WWF Deutschland. a. a. O., S. 4ff

Dead Zones: Gefährdung der Fischerei durch Eutrophierung

M2 ***Mississippi Dead Zone***

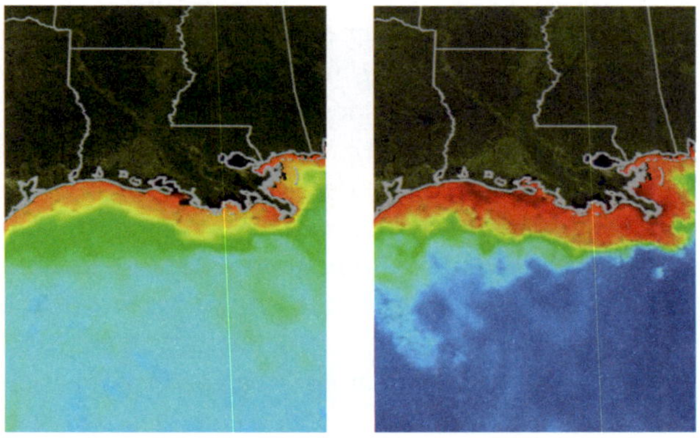

„These images show how ocean color changes from winter to summer in the Gulf of Mexico. Summertime satellite observations of ocean color from MODIS/Aqua show highly turbid waters which may include large blooms of phytoplankton extending from the mouth of the Mississippi River all the way to the Texas coast. When these blooms die and sink to the bottom, bacterial decomposition strips oxygen from the surrounding water, creating an environment very difficult for marine life to survive in. Reds and oranges represent high concentrations of phytoplankton and river sediment."

http://visibleearth.nasa.gov/view_rec.php?id=14200

Die Dead Zone im Golf von Mexiko

„Die Dead Zone im nördlichen Golf von Mexiko liegt südwestlich des Mississippi-Deltas und erstreckt sich entlang der Küste Louisianas bis nach Texas ... Dies entspricht der Fläche von Sachsen-Anhalt. Diese Region gehört zu den drei größten Sauerstoffmangelgebieten der Welt. Kritische Sauerstoffkonzentrationen findet man hier vom späten Februar bis in den frühen Oktober, wobei von Mitte Mai bis Mitte September quasi kontinuierlich Sauerstoffmangel herrscht. Lediglich das durchmischte Wasser an der Küste ist sauerstoffgesättigt. Im Winter wird die gesamte Wassersäule – auch der tieferen Gebiete – durchmischt und die Sauerstoffkonzentrationen steigen an. Sauerstoffkonzentrationen unter 2 mg/l findet man typischerweise in Wassertiefen zwischen 5 und 30 Meter, wobei meist nicht nur das unmittelbare Bodenwasser sauerstoffarm ist, sondern 20–50 % der unteren Wassersäule. Wenn der Sauerstoffmangel sich im Sommer ausgebildet hat, werden die hypoxischen[1] Wassermassen durch Wind und Strömungen verlagert. So kann es dazu kommen, dass sauerstoffarmes oder sogar schwefelwasserstoffhaltiges Wasser in Richtung Küste gedrückt wird, wo ganze Fisch- und Garnelenpopulationen verenden ... In den regelmäßig betroffenen Gebieten hat sich die Tierwelt bereits drastisch verändert. Garnelen, Muscheln, Schnecken, Schlangensterne sowie Flohkrebse und ihre Verwandten fehlen meist völlig. Lediglich einige Borstenwürmer (Gattungen Ampharete und Magelona) und Spritzwürmer (Sipunculida) findet man in größerer Zahl. Dies stellt eine Gefährdung für viele Fischarten, die sich von den fehlenden Arten ernähren, dar ... Interessant ist in diesem Zusammenhang der überraschende Fund großer Fadenwurmpopulationen (Nematoda). Diese kleinen Würmer leben zwischen den Sandkörnern und können das Sediment zeitweilig verlassen. Denkbar ist, dass sie als Nahrung für bestimmte Fischarten dienen, jedoch sind sie bedeutend kleiner als Borstenwürmer und können diese als Nahrungsquelle sicher nicht völlig ersetzen. Auch in der oberen Wassersäule wurden Veränderungen festgestellt. So hat sich die Dichte der sauerstofftoleranten Quallenart Chrysaura quinquecirrha seit Ende der 1980er-Jahre verdreifacht. Gleichzeitig verschwanden mehrere Ruderfußkrebsarten, die üblicherweise im Tagesverlauf eine Wanderung zwischen der Wasseroberfläche und dem Tiefenwasser vornehmen, aus dem Bodenbereich ... Wissenschaftliche Untersuchungen an Sedimentkernen lassen darauf schließen, dass Hypoxie in diesem Gebiet erstmals zu Beginn des 20. Jahrhunderts auftrat. Seit den 1950ern – die durch starken Kunstdüngereinsatz im Einzugsgebiet des Mississippi geprägt waren – hat sich das Gebiet ausgedehnt und die Intensität des Sauerstoffmangels hat deutlich zugenommen. Erst in den 1970ern wurden erste wissenschaftliche Untersuchungen durchgeführt, und seit 1985 wird die Dead Zone systematisch überwacht ...

Die Nährstoffquellen in dieser landwirtschaftlich intensiv genutzten Region sind eindeutig benannt: Der Mississippi zusammen mit dem Atchafalaya-Fluss tragen 91 % des Gesamtstickstoffs in das Hypoxie-Gebiet[2]. Da Louisiana und Texas Flächenstaaten mit geringer Bevölkerungsdichte sind, sind die atmosphärischen Stickstoff-Einträge gering (1 %). Grundwassereinträge sowie seewärtige Quellen werden als minimal betrachtet ... Zunächst wurde davon ausgegangen, dass die hohen Stickstoffeinträge aus der Landwirtschaft, die sich seit den 1950er-Jahren verdreifacht haben, das Ausmaß der Dead Zone steuern ... Seit kurzem wird jedoch auch intensiv diskutiert, ob das Phytoplanktonwachstum im Gebiet und damit auch die Größe der Dead Zone nicht doch durch die Menge an Phosphat kontrolliert sein könnte. Zahlreiche Fabriken, Farmen und Städte sind in den vergangenen Jahrzehnten am Mississippi entstanden und tragen sicherlich zur Belastung mit Phosphat bei."

[1] hypoxisch = auf Sauerstoffmangel beruhend
[2] Hypoxie = Sauerstoffmangel

Institut für Ostseeforschung. Lernportal. Die Dead Zone im Golf von Mexiko
http://www.ikzm-d.de/infos/pdfs/5_Zusatzinfo_Golf_von_Mexiko.pdf

1. Nehmen Sie Stellung zu der Aussage, dass bis 2050 die Meere leergefischt sein werden.
2. Erörtern Sie, ob die Aquakultur die weltweit steigende Nachfrage nach Fisch nachhaltig befriedigen kann.
3. Erklären Sie, weshalb die Zunahme von Nährstoffen für das Phytoplankton zu einem Sauerstoffmangel führen kann.

M1 Im Jahr 1993 löste die Havarie des Tankers Braer vor den Shetlandinseln eine Ölpest aus

3.2 Schiffsverkehr und Müllverklappung

Die Verschmutzung der Meere nimmt trotz zahlreicher internationaler Verbote und technischer Fortschritte in gewaltigem Ausmaß zu. Ölteppiche auf den Meeren als Folge von Unfällen oder unerlaubten Tankreinigungen auf See sind zwar nicht zu übersehen, doch ist ihre Bedeutung im Vergleich mit den anderen Schadstoffmengen, die ins Meer gelangen, eher gering. Rund die Hälfte der Schadstoffe gelangen als Abfall vom Land ins Meer.

Riskante Dreckschleudern

„Mit der Globalisierung nimmt die Bedeutung der Schifffahrt rasant zu. 90 Prozent des globalen Außenhandels werden auf dem Seeweg abgewickelt. Bis 2011 sollen weltweit 138 Millionen Standardcontainer umgeschlagen werden – 40 Prozent mehr als 2006. Die Umwelt- und Sicherheitsbestimmungen für den globalen Güter- und Personenverkehr halten mit dieser Entwicklung nicht mit. Viele Schiffe sind aus kommerziellen Gründen in Billigflaggenstaaten wie Panama, Liberia oder den Bahamas registriert.

Etwa zwei Milliarden Tonnen Öl werden pro Jahr über die Ozeane transportiert. Die Öleinträge durch Tankerunglücke liegen heute dank verschärfter Sicherheitsstandards und neuer Schiffe um 75 Prozent niedriger als noch Mitte der 80er-Jahre. Trotzdem gibt es keinen Grund zu Entwarnung. Noch immer fahren veraltete Tanker über die Weltmeere.

Erst 2010 wird die neue Generation der sichereren Doppelhüllentanker Pflicht. Und unzureichende Regeln für den Schiffsverkehr gefährden empfindliche Meeresregionen. Immer wieder kommt es zu Ölkatastrophen, die Korallenriffe, Mangrovenwälder, Seegraswiesen, Seeberge oder polare Lebensräume zerstören.

2002 sank der Schrott-Tanker Prestige vor der spanischen Küste und verlor 64 000 Tonnen giftiges und zähes Schweröl. Die Ölpest tötete 300 000 Seevögel und verschmutzte 3 000 Kilometer Küste. 30 000 Fischer waren betroffen. Die Folgekosten belaufen sich auf acht Milliarden Euro. Nicht nur von Öltankern, sondern auch von Containerschiffen gehen erhebliche Gefahren aus.

Bereits vergleichsweise kleine Mengen des giftigen und zähen Treibstoffs Schweröl können in empfindlichen Regionen große Naturzerstörungen verursachen. Der 1998 in der Nordsee havarierte Frachter Pallas hatte nur 100 Tonnen Treibstoff an Bord. Dennoch starben 16 000 Seevögel. Anfang 2007 verunglückten die Frachter MSC Napoli im Ärmelkanal und Server vor der norwegischen Küste. Vermutlich 20 000 Seevögel starben. 1993 verlor das Containerschiff Sherbro im Ärmelkanal 188 000 Päckchen hochgiftiger Substanzen, die teilweise bis an die deutsche Küste gespült wurden ...

Die Ostsee ist flach und hat nur einen geringen Wasseraustausch – darum ist sie besonders empfindlich für Verschmutzungen. Gleichzeitig ist sie ein Nadelöhr des globalen Seeverkehrs. Allein 8 000 Tanker passieren pro Jahr die deutsche Ostseeküste. Der Öltransport hat sich von 1995 bis 2006 auf 130 Millionen Tonnen versechsfacht – und nimmt weiter rasant zu. Zugleich steigt die Zahl der Schiffsunfälle. Im Jahr 2005 kam es zu 151 Zwischenfällen – eine Steigerung um 150 Prozent gegenüber den Vorjahren. Bisher ist die Ostsee mit einem blauen Auge davongekommen. Der schwerste Unfall ereignete sich 2001. Nördlich der deutschen Küste verlor der Tanker Baltic Carrier nach einer Kollision ‚nur' 1 900 Tonnen der geladenen 33 000 Tonnen Öl. 20 000 Vögel verendeten. Seit 2005 gilt die Ostsee als ‚Besonders Empfindliches Meeresgebiet' (PSSA) mit strengeren Regeln für den Schiffsverkehr. Doch diese Maßnahme reicht noch nicht aus, um die Gefahr einer Ölpest zu bannen."

WWF Deutschland (Hrsg.): Unsere Ozeane: Geplündert, verschmutzt und zerstört: WWF-Bericht über die Bedrohung der Meere und Küsten, Frankfurt am Main, Stand: Juni 2007 S. 19

Der Strudel aus Müll

„Plastik ist ein haltbares und strapazierfähiges Material. Dieser Vorteil für die Verbraucher ist für die Natur ein Nachteil. Etwa 100 000 Millionen Tonnen Plastik werden jedes Jahr produziert, davon gelangen 10 Prozent in die Meere. Ungefähr 20 Prozent davon stammen von Schiffen und Plattformen im Meer, der Rest vom Festland. Egal an welchem Strand Sie spazieren gehen: Sie werden dort jede Menge Plastiktüten, -flaschen und -behälter aus Polyäthylen entdecken, Plastikfässer, Styroporverpackungen, Schaumstoff aus Polyurethan, Fangnetze aus Polypropylen und meterweise Kunststofftaue. Hinzu kommen Pylone, Einwegfeuerzeuge, Reifen und Zahnbürsten. Gegenstände, die achtlos fortgeworfen wurden – an Land und auf See – und von Wind und Wellen an den Strand gespült wurden.

Diese größeren Gegenstände machen auf ein noch viel größeres Problem aufmerksam. Denn sie bauen sich nicht ab wie natürliche Rohstoffe. Unter Einwirkung von Sonnenlicht, Wellenbewegung und mechanischem Abrieb zerfallen sie langsam in immer kleinere Partikel. Eine einzige Einliter-Trinkflasche kann in so viele Fragmente zerfallen, dass man auf jeden Kilometer Strand weltweit ein Plastikstückchen davon legen kann. Zu diesen winzigen Bruchstücken kommen weitere kleine Plastikstückchen hinzu: Pellets. Sie werden verschifft und können beim Transport ins Meer gelangen, wenn ein Fass oder sogar ein ganzer Container mit Pellets über Bord geht. Diese ‚marinen Steppenläufer' sind ins Zwielicht geraten. Und das nicht nur, weil freiwillige Helfer haufenweise Pellets von den Stränden räumen, sondern auch, seit man entdeckt hat, dass sie sich in Meeresgebieten ansammeln, in denen schwache Winde und Strömung vorherrschen.

Eine schwimmende Müllhalde im Meer

Der subtropische Wirbel des nordpazifischen Ozeans durchmisst eine weite Strecke des Pazifiks. Das Wasser fließt dort in einer langsamen Spirale im Uhrzeigersinn. Die Winde sind hier sehr schwach, und die Strömung treibt alle schwimmenden Stoffe in das energiearme Zentrum des Wirbels. Hier gibt es nur wenige Inseln, wo das Treibgut angespült werden kann. Folglich bleibt es im Wirbel – und das in erstaunlichen Mengen. Schätzungsweise sechs Kilogramm Plastikmaterial kommen auf ein Kilogramm dort natürlich vorkommendes Plankton – ein Plastik-Konglomerat so groß wie Texas dreht sich hier langsam im Uhrzeigersinn dahin. Der Wirbel wurde inzwischen auf Namen getauft wie ‚Asian Trash Trail', ‚Trash Vortex' oder ‚Eastern Garbage Patch'.

Vielleicht wäre das Ganze gar kein so ernstes Problem, wenn Plastik unschädlich wäre. Das ist es aber nicht: Größere Plastikstücke werden von Vögeln und anderen Tieren verschlungen, die sie irrtümlicherweise für Beute halten. In den Mägen von Seevögeln und deren Küken, die tot aufgefunden wurden, fand man Plastikgegenstände von mittlerer Größe, wie Flaschendeckel, Feuerzeuge und Luftballons. Eine tote Schildkröte, die man vor Hawaii entdeckte, hatte über tausend Plastikstücke in Magen und Darm. Man schätzt, dass jedes Jahr mehr als eine Millionen Seevögel sowie hunderttausend Meeressäuger und Meerschildkröten umkommen, weil sie Plastikstücke verschlucken oder sich in Plastikgegenständen verfangen. Tiere können sich in fortgeworfenen Netzen oder Leinen verfangen. Sogar winzige Quallen bleiben in Plastikfäden hängen oder fressen kleine Plastikpartikel, die im Wasser treiben.

Der Chemische Schwamm

Noch etwas ist unheilvoll an dieser Plastikgeschichte: Die Plastikstücke können nämlich wie eine Art ‚chemischer Schwamm' funktionieren und sich mit den giftigsten Schadstoffen des Meeres anreichern: Persistente Organische Schadstoffe (POPs). Das bedeutet, dass jedes Tier, das diesen Plastikmüll frisst, obendrein noch jede Menge Giftstoffe aufnimmt ... Der schwimmende Plastikmüll wirkt noch auf eine weitere überraschende Weise auf die

M2 **Plastik Ozean**

Meeresumwelt ein: Organismen siedeln sich auf ihm an. Auf diese Weise gelangen Pflanzen und Tiere in Gebiete, die weit entfernt von ihren eigentlichen Lebensräumen liegen. Diese marinen Anhalter können dann in ganz neue Habitate vordringen und den dort heimischen Arten gegenüber als unwillkommene Störenfriede auftreten. Natürlich schwimmt nicht alles Plastik frei im Meer herum. Etwa 70 Prozent des gesamten Plastikabfalls sinken auf den Meeresgrund. Holländische Wissenschaftler haben errechnet, dass auf einen Quadratmeter Meeresboden jeweils 110 einzelne Plastikartikel kommen. Für die Nordsee ergibt das allein 600 000 Tonnen! Diese Plastikgegenstände können den Meeresboden im wahrsten Sinne ‚zumüllen' und alles Leben auf dem Meeresgrund unter sich begraben und ersticken."

http://oceans.greenpeace.org/de/unsere-ozeane/verschmutzung/der-strudel-aus-muell (Greenpeace Deutschland)

M3 **Herkunft des Mülls im Meer**

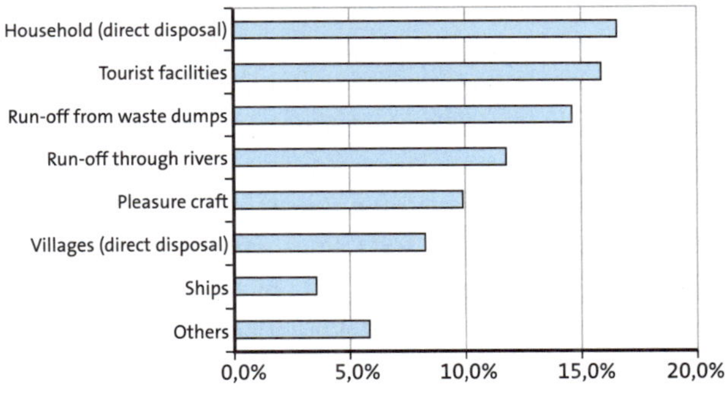

[1] Tourist facilities = Touristeneinrichtungen
[2] Pleasure craft = Ausflugsdampfer

Nach http://www.unep.org/regionalseas/marinelitter/publications/docs/RS_DOALOS.pdf, Seite 21, 25.10.2008 (Regional Seas Coordinating Office, UNEP, Nairobi)

1 Untersuchen Sie mithilfe des folgenden Links die aktuelle Verschmutzung der Ostsee:
http://62.236.121.189:81/website/MARIS/viewer.htm

2 Gestalten Sie ein Poster, welches Ursachen und Folgen der Vermüllung der Meere mit Plastikabfällen darstellt und zeigen Sie, wie Sie zur Vermeidung von Plastikabfällen beitragen können.

3.3 Energiequelle Meer

In den Weltmeeren liegt ein enormes Reservoir an mechanischer, thermischer und chemischer Energie. Da diese Energieformen vor allem durch die Sonnenstrahlung und die Erddrehung gespeist und „nachgefüllt" werden, sind sie nahezu unerschöpflich. Bis zu 15 Prozent des weltweiten Strombedarfs – das ist doppelt so viel, wie derzeit von sämtlichen Atomkraftwerken erzeugt wird – könnten allein durch Wellenkraft gedeckt werden. Die Weltmeere stellen ein enormes Reservoir an Energie dar. Unterschiedliche, zum Teil bereits erprobte Kraftwerkstypen, werden nach der genutzten Energieform eingeteilt: mechanische und thermische Energieformen sowie Energie, die durch Unterschiede im Salzgehalt gewonnen wird.

Osmosekraftwerk

↓ *„When freshwater meets saltwater, for example where a river flows out into the sea, enormous quantities of energy are released. This energy can be utilised to generate power through the natural phenomenon of osmosis. Osmotic power is based on the natural phenomenon of osmosis, defined as 'the transport of water through a semi-permeable membrane'. This is how plants can absorb moisture through their leaves and retain it. In an osmotic power plant, we feed freshwater and seawater into separate chambers, separated by an artificial membrane. The salt molecules in the seawater then draw the freshwater through the membrane, causing the pressure on the seawater side to increase. This pressure corresponds to a water column of 120 metres, or a large waterfall, and can be utilised in a turbine which generates electricity. Osmotic power plants can be constructed anywhere where freshwater flows out into the sea, provided that the salt concentration is sufficiently high. Unlike hydro-power and wind power, osmotic power plants are not affected by fluctuations in the weather. The global potential is estimated to be an impressive 1 600–1 700 TWh – equivalent to China's electricity consumption in 2002. In Norway alone, we will be able to generate 12 TWh per year – equivalent to 10 % of our total power consumption."*

http://www.statkraft.com/pub/innovation/tecnology/osmotic_power/how_osmotic_power_works.asp (Statkraft, Oslo 2009)

Strom aus Meereswärme – Die Ozeane als Sonnenkollektoren

↓ *„Gezeitenkraftwerke – klar! Nutzung der Ozeanwellen zur Energieerzeugung – na gut. Aber Strom aus Meereswärme? Wie soll das gehen – beträgt die Wassertemperatur in den Ozeanen doch selbst in den tropischen Regionen selten mehr als 24 Grad Celsius? Doch auch an diesem futuristisch anmutenden Projekt arbeiten bereits seit längerer Zeit führende Energieexperten in Japan und den USA. Dabei nutzen die Forscher den Umstand, dass die Ozeane quasi als Sonnenkollektoren arbeiten und die Wärme in gigantischem Maße speichern.*
Vor allem in äquatornahen Meeren kann die Temperaturdifferenz zwischen dem warmen Oberflächenwassser und dem kalten Tiefenwasser in 1 000 Metern durchaus 20 bis 25 Grad betragen. Mithilfe von Wärmekraftmaschinen versuchen Forscher heute diese gewaltigen Energiespeicher anzuzapfen und für die menschliche Stromproduktion zu verwenden.
Optimale Standorte für solche Anlagen bieten sich in Südostasien vor der Küste der Philippinen und Neuguineas, aber auch weite Teile des Indischen Ozeans und des Atlantiks zwischen 20 Grad nördlicher und südlicher Breite sind immer noch warm genug, um als Quelle für die Stromerzeugung zu dienen.

http://www.g-o.de/dossier-detail-149-10.html (Scinexx, das Wissensmagazin. MMCD New Media, Springer)

Wellenkraftwerk Pelamis

↓ *„Das schottische Unternehmen Pelamis Wave Power Ltd. hat eine Lösung entwickelt, um aus der Wellenkraft Energie zu gewinnen. Vier riesige Stahlröhren werden durch Scharniergelenke flexibel verbunden. Diese Einheit schwimmt schlangenähnlich auf der Wasseroberfläche und ist mit Trossen am Meeresgrund so verankert, dass sie sich immer quer zum Wellenkamm ausrichtet. Das Auf und Ab der Wellen bewirkt, dass die einzelnen Stahlröhren in Schwingungen zueinander versetzt werden. In drei Power-Modulen zwischen den Schwimmkörpern nehmen hydraulische Zylinder die Bewegung auf und pumpen mit ihren Kolben sechs Hydraulikgeneratoren an, die 750 Kilowatt Strom erzeugen. Ein Unterseekabel verbindet das Kraftwerk auf See mit dem Stromnetz an Land. Pelamis wandelt bis zu 80 % der aufgenommenen Wellenenergie in elektrische Energie um. Am effizientesten arbeitet die Offshore-Anlage in einer Entfernung von fünf bis zehn Kilometern von der Küste. Dort, wo das Meer 50 bis 100 Meter tief ist, besitzen die Wellen die für diese Art der Energiegewinnung optimale Höhe von drei bis sechs Metern, gleichzeitig sind die Kosten für das Unterseekabel geringer als weiter draußen auf offener See."*

http://www.contitech.de/pages/produkte/luftfedersysteme/lufe-industrie/wellenkraft_de.html (ContiTech Hannover)

M 1 Wellenkraftwerk „Pelamis" (Simulation)

http://www.spiegel.de/img/0,1020,358563,00.jpg

Zukunftsvisionen der Meerwasserenergie

↓ *„Wellenkraftwerk „Wave Dragon“*

Der so genannte Wave Dragon ist ein schwimmendes Wellenkraftwerk, das seit März 2003 im dänischen Fjord Nissum Bredding bei Aalborg auf seine Tauglichkeit geprüft wird. Er besteht aus zwei Fangarmen, die die Wellen in Richtung einer Rampe leiten, hinter der sich ein riesiges Auffangbecken befindet. Von diesem Auffangbecken strömt das Wasser durch senkrecht eingebaute Turbinen zurück ins Meer und erzeugt auf diese Weise Strom. 2009 soll vor der Westküste von Wales bei Milford Haven ein etwa fünfmal größerer Bruder des Wellendrachens entstehen, der bis zu sieben Megawatt Strom liefern soll, genug für rund 5 000 Haushalte.

Meeresströmungskraftwerk „Seaflow“

Einen ganz neuen Ansatz in der Nutzung der Wasserkraft stellt das britisch-deutsche Projekt „Seaflow“ dar, das derzeit zwei Kilometer vor der britischen Westküste in North Devon erprobt wird. Es arbeitet nach dem Prinzip von Windkraftanlagen, nur dass die Rotoren nicht über, sondern unter Wasser liegen und statt Wind Meeresströmungen die Propeller antreiben. 2009 soll der erste kommerzielle Kraftwerkspark mit mehreren Rotoren starten.

Wellenkraftwerke „Schwingende Wassersäule“

Das Prinzip der schwingenden Wassersäule (englisch: oscillating water column, OWC) wird in verschiedenen Modellen erprobt, die aber alle nach dem gleichen Prinzip arbeiten: Wellen schwappen in eine Art Kamin und verdrängen dabei die Luft, die beim Herausströmen Turbinen antreibt. Wenn die Welle dann wieder nach unten sinkt, wird die Luft angesaugt und treibt die Turbinen abermals an. Um die Energie beider Luftströme zu nutzen, wurde eine Spezialturbine entwickelt, die sich immer in derselben Richtung dreht, egal ob die Luft von vorn oder hinten einströmt. Seit November 2000 liefert auf der Insel Islay ein Versuchskraftwerk Strom für bis zu 400 Haushalte.“

RWE-Magazine. Zukunftsversion der Wasserenergie http://www.rwe.com/generator.aspx/magazin/rwe-magazin/rwe-magazin-archiv/ausgabe-02-2005/wasser/zukunftsvisionen/language=de/id=206884/zukunftsvisionen.html (RWE Essen 2005)

M2 **Funktionsprinzip des Wellenkraftwerks „Wave Dragon“**

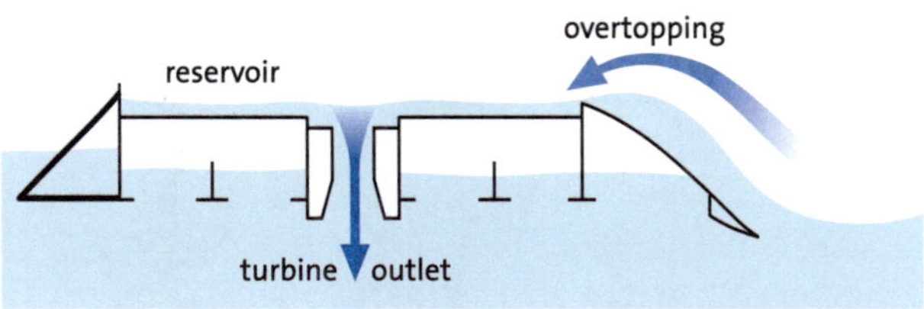

Nach Daniel Lübbert: Das Meer als Energiequelle. Berlin 2005 (INFO-Brief WF VIII-116/2005 des wissenschaftl. Dienstes des Bundestages) S. 7–8

M3 **Meeresströmungskraftwerk „Seaflow“**

http://www.wissenschaft-online.de/sixcms/media.php/591/Seaflow%201_Twin-Rotor-Array_copyright%20MCT.jpg (Spektrum der Wissenschaft Verlagsgesellschaft mbH)

1 *Stellen Sie auf einer Karte dar, an welchen Orten die verschiedenen Meerenergie-Kraftwerke in Europa realisiert werden können.*

2 *Vergleichen Sie die vorgestellten Kraftwerke mit bereits realisierten Gezeitenkraftwerken und Offshore-Windkraftwerken.*

M1 Human impact in the coastal zones

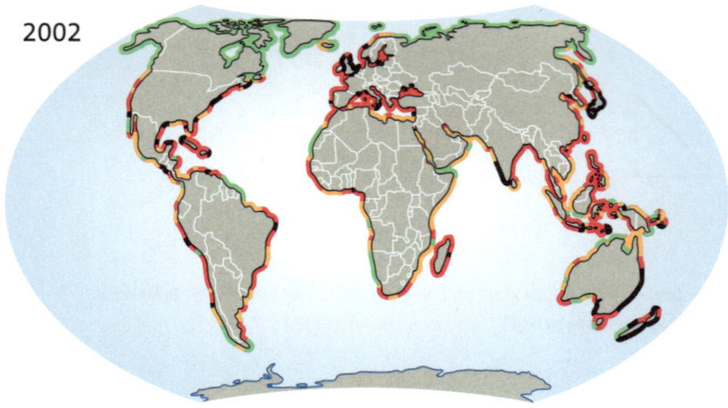

Human development in coastal zones (75 km)
■ Very high – high ■ High – medium ■ Medium – low ■ Low

„Nach http://maps.grida.no/go/graphic/human-impact-in -the-coastal-zones"

3.4 Nutzung der Küsten als Lebens-, Wirtschafts- und Erholungsraum

Der menschliche Einfluss auf die Küstenökosysteme wächst rapide: Bereits 34 % aller Küstenökosysteme sind heute von Zerstörung durch menschliche Aktivitäten bedroht. Nach Schätzungen der UNEP (United Nations Environment Programme) werden 2050 mehr als 90 % aller Küsten als Lebens-, Wirtschafts- und Erholungsraum genutzt und damit beeinflusst werden.

↓ ***„Bedrohung von Küstenlandschaften***

An den Küsten wird der Konflikt zwischen Mensch und Natur besonders deutlich. Die Küstenregionen bieten Heimat für über 90 Prozent der bekannten Meeresarten, sie sind die Brutstätte der Artenvielfalt unserer Ozeane. Mangrovenwälder, Korallenriffe, Seegraswiesen, Flussmündungen oder das Wattenmeer sind artenreiche und wertvolle Lebensräume.

Gleichzeitig zieht es die Menschen ans Meer. Fast 40 Prozent der Weltbevölkerung lebt an der Küste – Tendenz steigend. Acht der zehn größten Städte der Welt liegen am Meer. Ein Großteil der Rohstoffe, die der Mensch aus dem Meer gewinnt – von Fisch bis zu Öl und Gas – stammt von der Küste ...

Mit der Besiedlung und Ausbeutung der Küsten geht ihre Zerstörung einher – ein bislang trotz vieler Modelle nachhaltiger Entwicklung und neuer Schutzgebiete ungebremster Prozess. So fielen beispielsweise den wachsenden Megastädten Hongkong, Singapur, Manila und Honolulu wertvolle Korallenriffe zum Opfer. In Südostasien sind 90 Prozent der Korallenriffe von menschlichen Aktivitäten bedroht.

Deiche, Dämme, Hafenanlagen und der Ausbau von Flüssen für die Schifffahrt zerstören artenreiche Ökosysteme ...

Die Verbauung der Küsten schwächt den natürlichen Hochwasserschutz, den Flussmündungen, Korallenriffe, Überflutungsflächen, breite Strände oder Mangroven bieten ...

80 Prozent des weltweiten Tourismus spielt sich in den Küstenregionen ab. Die Reisebranche ist der größte und am schnellsten wachsende Wirtschaftszweig der Welt mit einem Anteil von elf Prozent am globalen Bruttoinlandsprodukt und 700 Millionen international Reisenden im Jahr. Die Einnahmen aus diesem Milliardengeschäft bleiben jedoch größtenteils nicht in den betroffenen Regionen ...

Das Mittelmeer ist ein Zentrum des weltweiten Tourismus. Allein 220 Millionen Touristen bereisen Jahr für Jahr die Mittelmeer-Region, 100 Millionen davon besuchen die Strände. Bis 2025 soll der Urlauberstrom auf 350 Millionen Besucher anschwellen.

Ralph Kampwirth: Unsere Ozeane: Geplündert, verschmutzt und zerstört, WWF Deutschland. Frankfurt am Main, Stand: Juni 2007, S. 12ff

M2 Die Veränderung einer Küstenlandschaft durch menschliche Eingriffe

Der traditionelle mediterrane Küstenstreifen

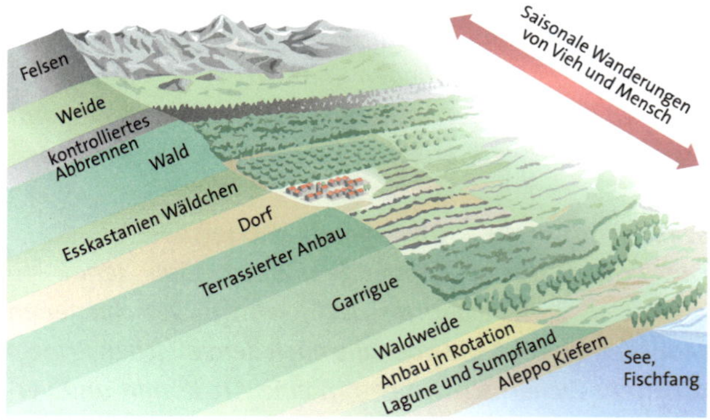

Der mediterrane Küstenstreifen heute

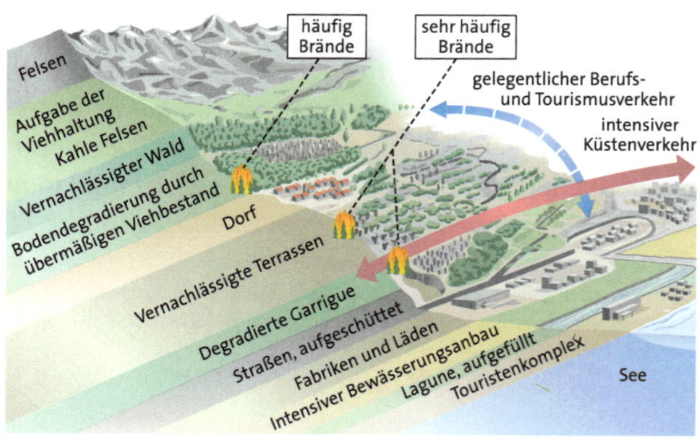

Nach Guillaume Benoit/Aline Comeau: Mediterranée: Les perspectives du Plan Bleu sur l'environnement et le développement, Editions de l'aube 2005; www.planbleu.org

M3 **Die Küste von Dubai im Jahr 2007**

Verstädterung im Küstenraum

In den Golfstaaten ist der Prozess der Verstädterung im Küstenbereich besonders deutlich zu beobachten. Lebten in den frühen 1970er-Jahren ca. 26 % der Bevölkerung dieser Region in Städten, waren es 20 Jahre später bereits 73 %. Wissenschaftler gehen davon aus, dass in den nächsten Jahren die Bevölkerungszunahme in den 25 größten Städten im Nahen Osten jährlich 2,7 Prozent betragen wird. Für das Jahr 2030 wird ein Verstädterungsgrad von mehr als 90 % für die Staaten der Golfregion prognostiziert.

↓ ***„Urbanization – Crisis on the coasts***

44 % of the world's population (more people than inhabited the entire globe in 1950) live within 150 kilometres of the coast. In 2001 over half the world's population lived within 200km of a coastline. The rate of population growth in coastal areas is accelerating and increasing tourism adds to the pressure on the environment. One example of this incredible growth could be Casablanca. Casablanca's population soared from 600 in 1839 to 29 000 in 1900, and to almost 5 million today. The United States has clearly mapped its population expansion. In the United States, around 53 % of the population lives near the coast and since 1970 there have been 2000 homes per day erected in coastal areas. In China alone, where the urban population is expected to increase by over 125 % in the next twenty five years, over 400 million live on the coast.

The more people that crowd into coastal areas, the more pressure they impose both on land and sea. Natural landscapes and habitats are altered, overwhelmed and destroyed to accommodate them. Lagoons and coastal waters are ‚reclaimed', wetlands are drained and covered with rubbish, the floodplains around estuaries are built over and reduced, and mangroves and other forests are cut down. Ecosystems are damaged, frequently lost forever. Fish stocks, fresh water, soils and beach sands are often overexploited, at great economic and ecological cost.

Increasing volumes of waste, particularly sewage, are sluiced out into coastal waters; this can cause eutrophication and endanger public health. Rubbish is often dumped on important habitats, like wetlands and mangroves; they are destroyed, and contaminants leach from the rubbish into coastal waters. The waste itself is increasingly getting into the sea, either by accident or design. Coastal areas are some of the most productive and biologically diverse on the planet. Of the 13 200 known species of marine fish, almost 80 % are coastal. The world's oceans play a crucial role in maintaining the health of the planet's ecosystems and serve as a valuable current and future food source for humankind. The oceans provide the only means of subsistence for many communities around the world, particularly the expanding coastal populations.

Ironically, the great wealth of coastal areas, whether in terms of fishing, tourism, international trade, or natural resources, is what attracts these abundant populations, making them the seeds of its own destruction."

http://www.oceansatlas.org/servlet/CDSServlet?status=ND0xODc3LmZpZ2lzVG9waW NzMzE1MSY2PWVuJjMzPWRvY3VtZW50cyYzNz1pbmZv (UN Atlas of the Oceans, United Nations Foundation)

Marine Wirtschaft in Europa

In Anbetracht ihrer exportorientierten Wirtschaft, der Zunahme des globalen und regionalen Handelsvolumens und ihrer geographischen Besonderheiten hat die EU ein vitales Interesse an der Wettbewerbsfähigkeit der Schifffahrt, des Schiffbaus und der Schiffsausrüstungs- und Seehafenindustrie:

– Schätzungsweise 3 bis 5 % des europäischen Bruttoinlandsprodukts (BIP) werden durch meeresspezifische Industrien und Dienstleistungen erwirtschaftet, ohne Einbeziehung des Wertes solcher Rohstoffe wie Erdöl, Fisch oder Erdgas.

– Fast 90 % der Außenhandelsgüter und über 40 % der Binnenhandelsgüter der EU werden auf dem Seeweg befördert.

– In den 1200 europäischen Seehäfen werden jedes Jahr 3,5 Milliarden Tonnen Fracht umgeschlagen und 350 Millionen Passagiere abgefertigt.

– Die führende Position Europas in der Seeschifffahrt ist mit einem Anteil von 40 % an der Weltflotte unumstritten.

M1 ***BIP pro Kopf in Küstengebieten***

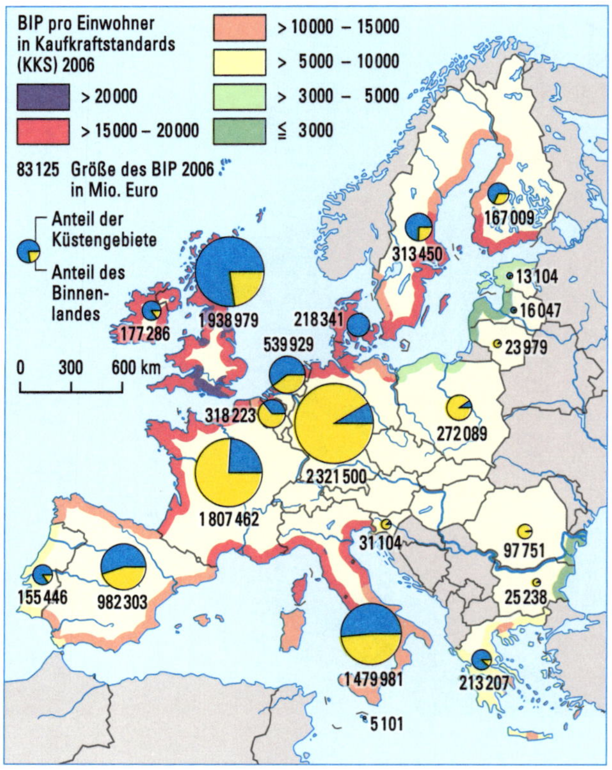

Nach Statistical data: Eurostat – Database: REGIO/© EuroGeographics, for the administrative boundaries Cartography: Eurostat – GIS CO. In Maritime Zahlen und Fakten http://ec.europa.eu/maritimeaffairs/pdf/facts_fig_060607_de.pdf (Europäische Kommission)

M2 ***Schätzung des Umsatzes im maritimen Sektor, mit Ausnahme des Tourismus (2004)***

	Weltweiter Wert in Mio. €	Europäischer Wert in Mio. €	Anteil des europäischen Werts am weltweiten Wert
Schifffahrt und Transport	342 743	151 137	44,1 %
Kreuzfahrtbranche	168 189	71 812	42,7 %
Offshore Erdöl und Erdgas	91 146	19 112	20,9 %
Fisch/Meeresfrüchte Verarbeitung	79 859	8 241	10,3 %
Schiffsausrüstung	72 871	16 675	22,9 %
Fischerei	55 983	4 758	8,5 %
Schiffbau	37 746	13 143	34,8 %
Häfen	25 017	10 478	41,9 %
Marine Aquakultur	23 876	3 483	14,6 %
Kreuzfahrtbranche	12 000	2 365	19,7 %
Forschung & Entwicklung	10 629	3 273	30,8 %
Seegras	5 988	n/a[1]	n/a
Seegras Mariner Handel	6 840	2 736	40,0 %
Marine IT	3 570	1 382	38,7 %
Minerale & Zuschlagstoffe	2 741	1 344	49,0 %
Erneuerbare Energie	128	121	94,5 %
Marine Biotechnologie	2 190	n/a	n/a
Submarine Telekommunikation	1 120	185	16,4 %
Ozeanuntersuchungen	2 013	538	26,7 %
Bildung & Ausbildung	1 537	n/a	n/a

[1] n/a: Nicht verfügbar
Statistical data: Eurostat-Database: REGIO/© EuroGeographics
http://ec.europa.eu/maritimeaffairs/pdf/facts_fig_060607_de.pdf (Europäische Kommission)

M3 ***Hochhauskomplexe in Benidorm***

Tourismus

Weltweit ist der Mittelmeerraum für mehr als 20 Prozent aller Touristen das wichtigste Reiseziel. Dort wird sich die Zahl der Touristen von 175 Millionen im Jahr 2000 auf 312 Millionen im Jahr 2020 fast verdoppeln. Mit dem Massentourismus verschärfen sich die konkurrierenden Nutzungsansprüche in den Küstenregionen. Ökologische und ökonomische Ansprüche, Besiedlungsdruck und Freizeitanspruch konkurrieren nicht nur um Fläche, sondern vor allem auch um das in der Folge des Klimawandels knapp werdende Wasser.
Denn das vorrangige Ziel der Touristen werden die 46 000 km Küstenlinie sein. In dem 10 km breiten Küstenstreifen leben heute bereits auf 13 % der Landesfläche 36 % der Einwohner der Mittelmeerländer.
Bis zum Jahr 2025 werden voraussichtlich nochmals 20 Millionen Menschen in die Küstenstädte ziehen und damit dort fast 90 Millionen Menschen wohnen. Diese Entwicklung findet in einem Raum statt, in dem heute bereits mehr als 50 % der Süßwasservorkommen erschöpft sind.

1 *Analysieren Sie für Dubai-City Ursachen und Folgen der Verstädterung.*
2 *Nehmen Sie Stellung zu der Aussage, der weltweite Verstädterungsprozess bedeute eine Zerstörung von Küstenökosystemen.*
3 *Erklären Sie, weshalb Küstenbereiche zu den wirtschaftlichen Aktivräumen gehören.*
4 *Untersuchen Sie in Ihrer Lerngruppe, welche Bedeutung die Küsten für ihre Ferienplanung haben.*
5 *Erstellen Sie eine Übersicht, welche den Einfluss von Verstädterung, Wirtschaft und Tourismus auf den Küstenraum verdeutlicht.*

M4 ***Bevölkerungsdichte (Einwohner und Touristen) in der Küstenregion der Mittelmeerländer im Monat mit dem höchsten Touristenaufkommen***

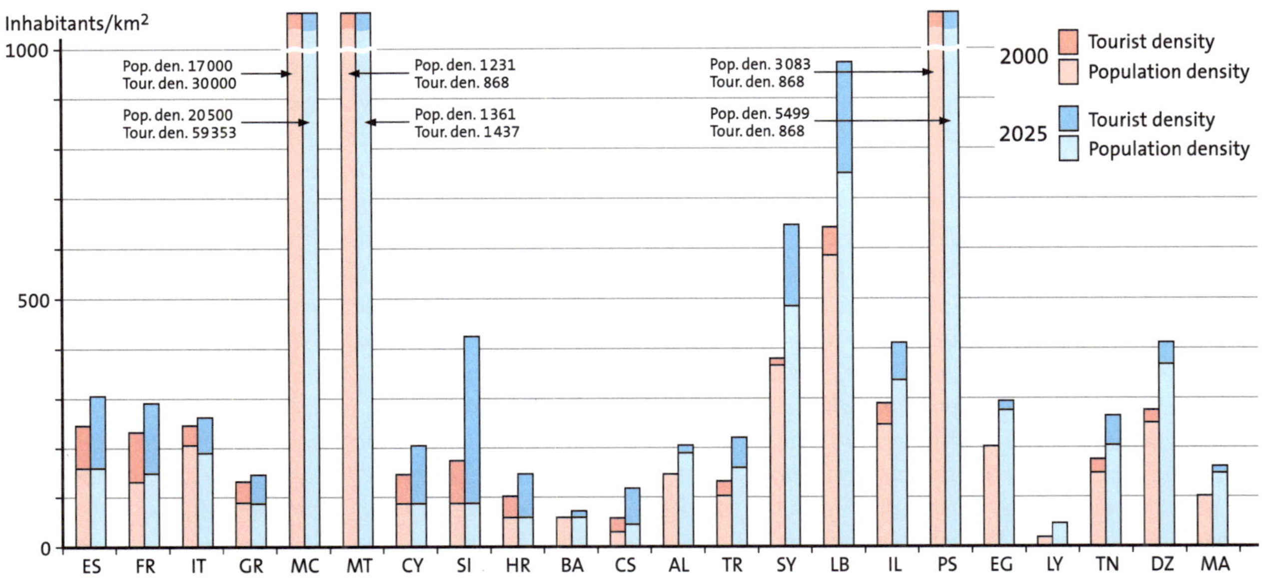

Nach Guillaume Benoit/Aline Comeau: Mediterranée: Les perspectives du Plan Bleu sur l'environnement et le développement, Editions de l'aube 2005; www.planbleu.org

3.5 Folgen des Klimawandels für den Lebensraum Küste

Erwärmung der Meere

Die Temperatur des Wassers ist ein entscheidender Faktor im Geosystem Meer. Eine Temperaturänderung beeinflusst unter anderem
- temperaturabhängige Lebewesen wie Korallen,
- die Löslichkeit von Kohlenstoffdioxid im Wasser,
- die Dichte des Meerwassers und dadurch die Meeresströmungen (siehe M1, S. 10 Golfstrom),
- den Meeresspiegel und damit die Küstenökosysteme,
- die Oberflächentemperatur der Meere und somit auch über Rückkopplungen die Atmosphäre auf vielfältige Weise,
- das arktische Meereis

mit verstärkenden Rückwirkungen.

Die Oberflächentemperaturen des Meerwassers erreichen ständig neue Rekordtemperaturen, wobei die Temperaturentwicklung in den Meeren regional sehr unterschiedlich ausfallen kann.

M1 **Entwicklung der Oberflächentemperaturen im Nordatlantik und den europäischen Randmeeren** *(Gezeigt ist die Veränderung der Jahresmitteltemperatur zwischen 1978 und 2002)*

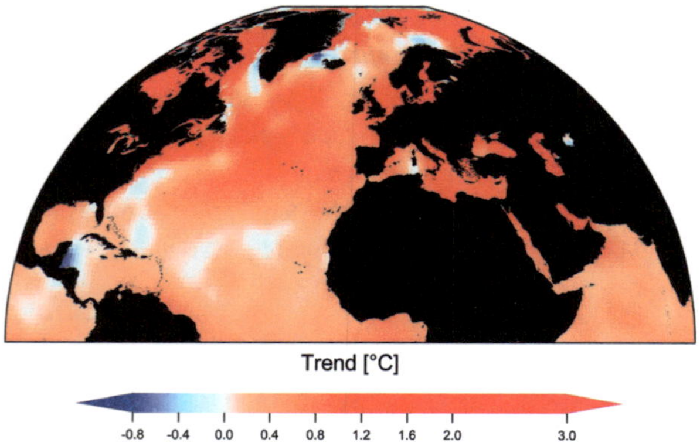

WBGU: Die Zukunft der Meere – zu warm, zu hoch, zu sauer, Sondergutachten 2006, S. 8 (Stiftung Alfred-Wegener-Institut für Polar- und Meeresforschung)

Veränderung des Meeresspiegels

„Geologische Daten zeigen, dass der Meeresspiegel über die letzten 6 000 Jahre im Durchschnitt um etwa 0,5 bis 1 mm pro Jahr gestiegen ist. Dieser Anstieg ist jedoch nicht überall gleich stark. Infolge des Abschmelzens der Eislast hebt sich das Festland an vielen Orten, fällt aber auch an anderen. Derweil dehnen sich die Ozeane zunehmend durch die weltweite Erwärmung aus und abschmelzende Gletscher tragen zusätzlich zum Anstieg des Meeresspiegels bei. Während der letzten 3 000 Jahre ging der Anstieg des Meeresspiegels langsamer vonstatten, etwa 0,1 bis 0,2 mm pro Jahr. Im 20. Jahrhundert jedoch begann der Meeresspiegel wieder stärker zu steigen. Der Anstieg erfolgt in den letzten Jahrzehnten um das Zehnfache schneller, als in den letzten Jahrtausenden: 1–2 mm jedes Jahr. Seit 1993 sind es sogar 3 mm jährlich. Für jeden Zentimeter, den das Meer ansteigt, geht etwa ein Meter an Küstenland an das Meer verloren."

Environmental science Published for Everybody Round the Earth http://www.atmosphere.mpg.de/enid/2rv.html (Lucinda Spokes, übersetzt von Elmar Uherek, Max Planck Institut für Chemie, Mainz)

M2 **Der Anstieg des globalen Meeresspiegels**

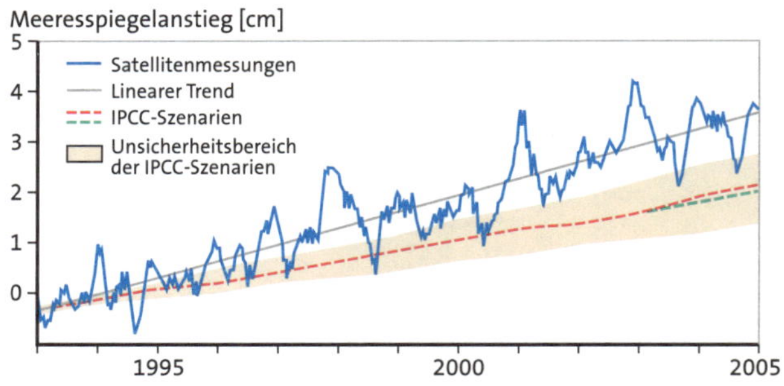

Nach WBGU: Die Zukunft der Meere – zu warm, zu hoch, zu sauer, Sondergutachten 2006, S. 37 (Stiftung Alfred-Wegener-Institut für Polar- und Meeresforschung)

Malediven wollen gesamte Bevölkerung umsiedeln

„Steigender Meeresspiegel, Sturmfluten, Tsunamis – weil der Klimawandel die Malediven bedroht, sucht der künftige Präsident des Inselstaates eine neue Heimat für seine Landsleute. Für den Umzug wird bereits gespart. Bleibt nur die Frage: wohin? ...

(Präsident) Nasheed treibt die Angst um – die Angst vor dem Untergang. Wie die britische Zeitung ‚Guardian' berichtet, plant das erste demokratisch gewählte Oberhaupt der Malediven ein weltweit einmaliges Projekt: Um sein Volk vor dem Klimawandel und dem damit verbundenen Anstieg der Meeresspiegel in Sicherheit zu bringen, spart der Präsident für den Umzug der gesamten Bevölkerung ... Immerhin mehr als 300 000 Menschen wären von den kühnen Evakuierungsplänen des Präsidenten betroffen. Sie bewohnen 200 der aus 1192 Inseln bestehenden Republik, rund 500 Meilen vor der indischen Küste. Am höchsten Punkt ragt die Inselgruppe gerade einmal zweieinhalb Meter aus dem Wasser. An den meisten Stellen sind es nur ein Meter oder weniger.

Sogar ein ‚geringer Anstieg' der Meere, könnte, so der besorgte Präsident gegenüber dem ‚Guardian', weite Teile des Inselstaates unter Wasser setzen. Ein ganzes Volk wäre dann verdammt zur Flucht, zum ziellosen Herumwandern. Nicht mit Nasheed: Er wolle vermeiden, ‚dass wir zu Klimaflüchtlingen werden, die Jahrzehnte lang in Zelten leben müssen', sagte das Insel-Oberhaupt der Zeitung. Doch es gibt keine Notfallpläne für Völker, die ihr Land duch Umweltveränderungen verlieren.

Das Geld für die Rettung soll aus dem Tourismus kommen. Jedes Jahr, so der Plan des Präsidenten, soll ein gewisser Prozentsatz des Staatshaushaltes für den Erwerb eines neuen Landes abgezweigt werden. Doch dürfte es kaum ausreichen, sollte Nasheed seine Mammutpläne in die Tat umsetzen wollen ... Vor allem stellt sich die Frage: Wohin?"

Klimawandel. Malediven wollen gesamte Bevölkerung umsiedeln. Spiegel Online. http://www.spiegel.de/panorama/leute/0,1518,589447,00.html, 15.11.2008

M4 Beobachtete Rate des Meeresspiegelanstiegs

Beiträge zum Meeresspiegelanstieg	Ausmaß des Meeresspiegelanstiegs (in mm pro Jahr)	
	1961–2003	1993–2003
thermische Ausdehnung	0,42 ± 0,12	1,6 ± 0,5
Gletscher und Eiskappen	0,50 ± 0,18	0,77 ± 0,22
Grönland-Eisschild	0,05 ± 0,12	0,21 ± 0,07
antarktisches Eisschild	0,14 ± 0,41	0,21 ± 0,35
Summe individueller Beiträge zum Meeresspiegelanstieg (geschätzt)	1,1 ± 0,5	2,8 ± 0,7
gesamter Meersspiegelanstieg (aus Beobachtungen)	1,8 ± 0,5	3,1 ± 0,7
Differenz (beobachtete Werte abzüglich der geschätzten Werte)	0,7 ± 0,7	0,3 ± 1,0

Horst Sterr: Folgen des Klimawandels für Ozeane und Küsten. http://edoc.hu-berlin.de/miscellanies/klimawandel-28044/86/PDF/86.pdf, , Seite 90, 25.10.2008

Anstieg der Wassertemperaturen und ihre Auswirkung auf marine Ökosysteme

↓ *„Die Temperaturen im Meer beeinflussen das Leben im Meer sowie die Löslichkeit von Kohlenstoffdioxid im Wasser. Sie verändern die Dichte des Meerwassers und beeinflussen dadurch die Strömungen und den Meeresspiegel: Die thermische Ausdehnung des Wassers trägt wesentlich zum Meeresspiegelanstieg bei. Die Oberflächentemperatur der Meere beeinflusst auch die Atmosphäre auf vielfältige Weise. Die in Europa im Winter häufig auftretende ‚milde Atlantikluft' hat ihre Wärme aus dem relativ warmen Ozean aufgenommen. Auch führen hohe Wassertemperaturen zu verstärkter Verdunstung, was eine wichtige Energiequelle der Atmosphäre (z. B. für tropische Wirbelstürme) und die Wasserquelle vieler Extremniederschläge (u. a. der Elbeflut 2002) darstellt."*

WBGU: Die Zukunft der Meere – zu warm, zu hoch, zu sauer, Sondergutachten 2006, S. 18 (Stiftung Alfred-Wegener-Institut für Polar- und Meeresforschung)

M5 Voraussichtliche Verschiebung der Lebensräume einiger wichtiger kommerziell befischter Arten bei weiterer Erwärmung der Meere.

Nach WBGU: Die Zukunft der Meere – zu warm, zu hoch, zu sauer, Sondergutachten 2006, S. 18 (Stiftung Alfred-Wegener-Institut für Polar- und Meeresforschung)

Phytoplankton und globale Primärproduktion

↓ *„Die vom Menschen veränderten Klimafaktoren wirken sich zunächst auf das Phytoplankton und somit auf die Primärproduktion aus ... Die Primärproduktion wird von mehreren Klimafaktoren beeinflusst:*

– Temperatur: Wachstum und Artenzusammensetzung des Phytoplanktons sind stark temperaturabhängig. Die Primärproduktion wird durch Erwärmung zunächst direkt gefördert. Doch kann die erhöhte Temperatur indirekt auch die Produktion bremsen, z. B. über verringerte Nährstoffzufuhr als Folge einer ausgeprägteren Temperaturschichtung.

– Licht: Veränderungen der Eis- oder Wolkenbedeckung des Oberflächenwassers haben direkten Einfluss auf die Primärproduktion, da das Phytoplankton Sonnenlicht als Energiequelle benötigt. Die Lichtversorgung des Phytoplanktons nimmt auch mit wachsender Durchmischungstiefe des Oberflächenwassers ab.

– Nährstoffe: Der Klimawandel kann indirekt auch die Versorgung des Phytoplanktons mit Nährstoffen (vor allem Stickstoff und Phosphor, aber auch ‚Mikronährstoffe' wie z. B. Eisen) beeinflussen. Aus der produktiven oberen Schicht der Ozeane werden durch das Absinken abgestorbener Organismen ständig organische Substanzen und damit auch Nährstoffe in die Tiefsee exportiert (‚biologische Pumpe'). Der Rücktransport in die oberen Schichten findet vor allem durch Aufwärtsströmungen und vertikale Mischung statt, die über Temperaturschichtung, Wind- und Strömungsverhältnisse vom Klima beeinflusst werden.

Hinzu kommt, dass die Klimaerwärmung wesentlich durch steigende CO_2-Konzentrationen verursacht wird. Dies führt bei vielen Phytoplanktonarten zu einer direkten Erhöhung der Photosyntheserate, wobei allerdings die Artengruppen unterschiedlich profitieren. Diese verschiedenen Faktoren sind zusätzlich untereinander gekoppelt: So verursacht die Erwärmung der Oberflächenschichten nicht nur erhöhte Photosyntheseraten, sondern auch eine stabilere Temperaturschichtung der Wassersäule, was die Nährstoffversorgung verschlechtert und die Planktonproduktion schwächt. Die verstärkte Schichtung kann zudem die Dynamik der Phytoplanktonproduktion destabilisieren."

WBGU: Die Zukunft der Meere – zu warm, zu hoch, zu sauer, Sondergutachten 2006, S. 14 (Stiftung Alfred-Wegener-Institut für Polar- und Meeresforschung)

M1 Überflutungsgefährdete Staaten

Staaten geordnet nach Bevölkerung in niedriggelegenen Küstenregionen – Top Ten			Staaten geordnet nach Bevölkerungsanteil in niedriggelegenen Küstenregionen – Top Ten		
Staat	Bevölkerung in niedriggelegenen Küstenregionen (in 1000)	% der Bevölkerung in niedriggelegenen Küstenregionen	Staat	Bevölkerung in niedriggelegenen Küstenregionen (in 1000)	% der Bevölkerung in niedriggelegenen Küstenregionen
1. China	127038	10%	1. Malediven	291	100%
2. Indien	63341	6%	2. Bahamas	267	88%
3. Bangladesch	53111	39%	3. Bahrain	501	78%
4. Indonesien	41807	20%	4. Surinamne	325	78%
5. Vietnam	41439	53%	5. Niederlande	9590	60%
6. Japan	30827	24%	6. Macao	264	59%
7. Ägypten	24411	36%	7. Guyana	419	55%
8. USA	23279	8%	8. Vietnam	41439	53%
9. Thailand	15689	25%	9. Dschibuti	250	40%
10. Philippinen	15122	20%	10. Bangladesch	53111	39%

Anmerkung: Länder, in denen weniger als 100000 Einwohner in den niedriggelegenen Küstenregionen leben, wurden ausgenommen. 15 kleine Inselstaaten, die ausgenommen wurden, haben Bevölkerungsanteile von mehr als 39% in den niedriggelegenen Küstenregionen, und zusammengenommen eine Gesamtbevölkerung von 423000 Einwohnern.

Horst Sterr: Folgen des Klimawandels für Ozeane und Küsten. http://edoc.hu-berlin.de/miscellanies/klimawandel-28044/86/PDF/86.pdf, Seite 94, 25.10.2008

M2 Sozioökonomische Auswirkungen des Klimawandels

Land (Jahr der Studie)	Betroffene Bevölkerung		Verlust an Kapitalwerten		Landverlust		Verlust an Feucht-biotopen	Kosten[1] für zusätzlichen Küstenschutz	
	(Mio.)	Anteil[2] (%)	(Mrd. US-$)	Anteil[3] (%)	(Tsd. km^2)	Anteil[4] (%)	(Tsd. km^2)	(Mrd. US-$)	Anteil[3] (%)
Bangladesch (1995)	71	60	–	–	25	17,5	5,8	>1	>0,06
Ägypten (1992)	4,7	9	59	204	5,8	1	–	13,1	0,45
Marshallinseln (1992)[5]	0,02	100	0,16	324	0,009	80	–	>0,36	>7,04
Niederlande (1991)	10	67	186	69	2,17	5,9	0,642	12,3	0,05
Polen (1992)	0,24	1	22	24	1,7	0,5	0,036	1,4	0,02
Tonga (1992)[5]	0,03	47	–	–	0,007	2,9	–	–	–
USA (1991)	–	–	–	–	31,6[6]	0,3	17	>156	>0,03
Venezuela (1995)	0,056[7]	<1	0,33[7]	1	5,7	0,6	5,6	>1,6	>0,03

[1] für Maßnahmen außerhalb von Gebieten mit geringer Bevölkerungsdichte, Wertstellung für das Jahr 1990; [2] an der Gesamtbevölkerung; [3] am jährlichen Bruttosozialprodukt; [4] an der Gesamtfläche; [5] Minimalschätzung, unvollständige Daten für das gesamte Land; [6] Bestschätzung: 20000 km^2 Festland gehen verloren, aber ca. 5400 km^2 werden zu Küstenfeuchtbiotopen umgewandelt; [7] Minimalschätzung; – keine Angaben

Helmut Brückner: Küsten – sensible Geo- und Ökosysteme unter zunehmendem Stress. In: Petermanns Geographische Mitteilungen, Pilotheft 2000, Gotha: Perthes 1999, S. 17

Auswirkungen auf den deutschen Küstenraum

↓ *„Die deutschen Küstenregionen an Nord- und Ostsee sind trotz der naturräumlichen Unterschiede in ähnlicher Weise anfällig gegenüber Sturmfluten und Meeresspiegelanstieg. Für beide Küstengebiete charakteristisch sind*
– ein seewärts flach abfallender Meeresboden,
– ein überwiegend niedriges und flaches, d.h. überflutungsgefährdetes Küstenrelief,
– seit der Eiszeit anhaltende Küstensenkungstendenzen und damit ein rascherer langfristiger (= säkularer) Meeresspiegelanstieg (1,5–2,5 mm/J.),
– tief in das Land eingreifende Flussmündungen,
– meist niedrige, dem Festland vorgelagerte Inseln,
– ein großräumig hoher und dadurch versalzungsgefährdeter Grundwasserstand,
– an spezielle Überflutungs-, Salinitäts- und Substratverhältnisse angepasste Ökosysteme, wie z.B. Watten, Salzwiesen/-marschen, Seegraswiesen, Verlandungszonen in den Boddengewässern von Mecklenburg-Vorpommern, Brackwassergebiete,
– in hochwassergefährdete und ökologisch bedeutsame Bereiche hinein reichende dichte Bebauung,
– große wasserwirtschaftliche und wasserbauliche Veränderungen im natürlichen System, z.B. Deich und Entwässerungsanlagen, Sperrwerke etc.

Horst Sterr: Folgen des Klimawandels für Ozeane und Küsten. http://edoc.hu-berlin.de/miscellanies/klimawandel-28044/86/PDF/86.pdf, Seite 94/95, 25.10.2008

1 *Erstellen Sie ein Schaubild, welches die Ursachen eines klimabedingten Meeresspiegelanstiegs darstellt.*
2 *Erklären Sie, wie der Anstieg der Meerwassertemperatur die globale Primärproduktion verändert.*
3 *Erläutern Sie die sozioökonomischen Auswirkungen des Klimawandels.*

Versauerung der Ozeane

M 3 ***Die Veränderung eines Schneckenhauses im Meerwasser, welches den Meerwasser-Zustand im Jahr 2100 simuliert***

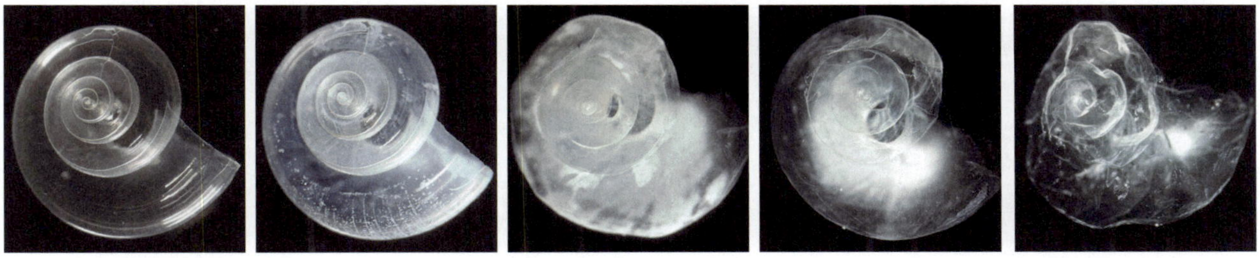

Versuchsbeginn ***2. Tag*** ***3. Tag*** ***28. Tag*** ***45. Tag***

M 4 ***Absenkung des pH-Wertes in den Meeren durch Anstieg des atmosphärischen CO_2-Gehaltes (hier bei unverminderter CO_2-Emission)***

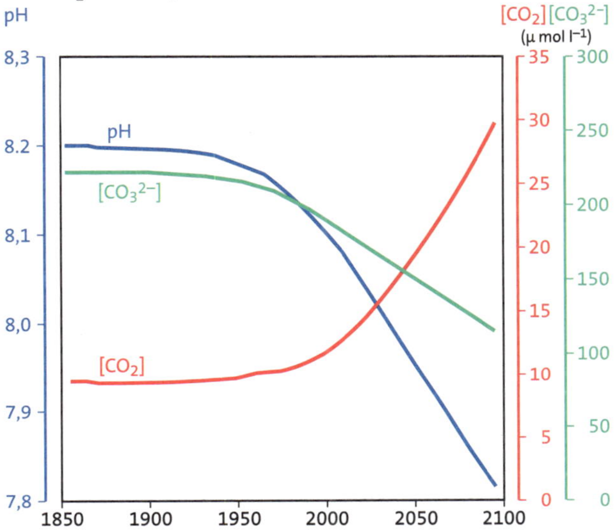

Nach http://www.ozean-der-zukunft.de/a1/index.shtml (Kieler Exzellenzcluster „Ozeane der Zukunft")

Fakten zur Versauerung der Ozeane

↓ *„Seit Beginn der Industrialisierung haben die Weltmeere knapp die Hälfte des Kohlendioxids (CO_2) aus der Verbrennung fossiler Energieträger aufgenommen. Während sich das CO_2 in der Atmosphäre weitestgehend chemisch neutral verhält, also nicht mit anderen Gasen reagiert, ist es im Ozean chemisch aktiv. Gelöstes CO_2 trägt zu einer Absenkung des pH-Wertes bei. Das Meer wird saurer! Dieser Effekt ist bereits messbar: Der pH-Wert des Oberflächenwassers der Meere ist von 8,2 im Mittel um 0,1 Einheiten gesunken. Wenn die weltweiten Kohlendioxid-Abgase (CO_2) unverändert weitersteigen, schätzen die Kieler Wissenschaftler, dass der pH-Wert der Meere um weitere 0,4 Einheiten bis zum Jahr 2100 absinkt. Der Meerwasser-pH-Wert wäre damit vermutlich niedriger als während der letzten 20 Millionen Jahre, mit einer Änderungsrate ca. 100mal höher als jemals zuvor in dieser Zeit.*

Als Folge der Ozeanversauerung verändert sich auch die Meerwasserchemie, was sich neben sinkenden pH-Werten und steigenden CO_2-Konzentrationen vor allem in einer Reduzierung der Karbonationenkonzentration und damit der Karbonatsättigung kennzeichnet. Karbonat (CO_3^{2-}) ist der Baustein für alle Kalk bildenden Organismen im Meer. Korallen, Muscheln und Schnecken, aber auch planktische Kalkbildner wie Kalkalgen, Kammerlinge und Flügelschnecken benötigen diesen Baustoff, um ihre kalkigen Skelette zu bauen. Alle bislang gestesteten Kalkbildner reagierten auf die sinkende Karbonatsättigung durch verminderte Kalkbildung bis hin zu Fehlbildungen ihrer Kalkskelette."

http://www.ozean-der-zukunft.de/a1/index.shtml (Kieler Exzellenzcluster „Ozeane der Zukunft")

Korallensterben hat sich dramatisch beschleunigt

↓ *„Mehr als 700 Korallenarten haben die Forscher untersucht – und das Ergebnis ist alarmierend. Rund ein Drittel aller Arten, die für die Entstehung der prachtvollen Riffe verantwortlich sind, seien zumindest gefährdet oder gar vom Aussterben bedroht. Das entspreche in etwa dem Siebenfachen dessen, was vor rund zehn Jahren beobachtet worden sei. Das Team um Kent Carpenter von der Old Dominion University in Norfolk (US-Bundesstaat Virginia) sieht die Hauptschuld für den Niedergang der Riffe beim Menschen: Der Kohlenstoffdioxid-Ausstoß lässt die Atmosphäre und damit auch die Meere wärmer werden, und Korallen reagieren schon auf kleinste Temperaturschwankungen äußerst empfindlich. Zugleich nehmen die Ozeane mehr CO_2 auf, was den Säuregehalt des Wassers steigen lässt – pures Gift für Organismen mit Kalkskelett, zu denen auch Korallen gehören. Örtlich seien die Korallen auch durch Wasserverschmutzung, Überfischung und die starke wirtschaftliche Nutzung der Küstenregionen bedroht, schreiben die Wissenschaftler im Fachblatt ‚Science'. ‚Riffbildende Korallen sind stärker bedroht als alle Landle-bewesen mit Ausnahme der Amphibien', sagte Roger McMaus von Organisation Conservation International. Sie seien zudem wie keine andere Gruppe durch den Klimawandel gefährdet. ‚Der Verlust der Korallen hat schwerwiegende Auswirkungen auf Millionen von Menschen, deren Existenzgrundlage von den Korallenriffen abhängt.'"*

Tod am Riff. Spiegel Online
http://www.spiegel.de/wissenschaft/natur/0,1518,565274,00.html

1 Stellen Sie in einem Fließschema dar, wie der Klimawandel das Korallensterben beschleunigt.

M1 ***Insel Baltrum im Wattenmeer***

4 Besondere Lebensräume

4.1 Wattenmeer

Die mit 10 000 km² größte zusammenhängende Wattenlandschaft der Erde erstreckt sich über 450 km von der Insel Texel vor der niederländischen Küste bis nach Esbjerg an der Westküste Dänemarks. Bis zu 30 Kilometer reicht das Wattenmeer an manchen Stellen in die südliche Nordsee.

Rund drei Viertel dieser letzten weitgehend naturbelassenen Großlandschaft sind durch drei Nationalparks geschützt. Dieser Schutz umfasst in manchen Regionen nicht nur das Wattenmeer, sondern auch Teile der Küstenregion wie die Salzwiesen. Von den drei Schutzzonen ist in den Zonen II und III eine eingeschränkte Nutzung durch den Menschen möglich, während Zone I nutzungs- und störungsfrei ist.

Watt bezeichnet einen schmalen Streifen Gezeitenküste, der periodisch zweimal täglich überflutet wird. Zur Wattenküste gehören neben den eigentlichen Wattflächen mit den Prielen und Flachwasserbereichen auch Sandbänke, Dünen sowie die Salzwiesen.

Wattküsten können nur entstehen, wenn

– der Meeresboden nur ein geringes Gefälle hat: vom Meer mitgebrachtes feines Material kann sich dann aufgrund geringer Strömungsgeschwindigkeiten auf den weiten Flächen gut absetzen,

– Flüsse aus dem Binnenland (Elbe, Weser, Ems und Jade) ständig feine Sand- und Tonpartikel ins Wattenmeer transportieren und es langsam aufschichten,

– der Tidenhub der Gezeiten mit 1,5 bis 2 Metern periodisch den größten Teil des Wattenmeers trocken legt. Während dieses Zeitraums können landeinwärts wehende Winde die obersten trockenen Sandschichten abtragen. Durch den großen Tidenhub ist der Ebbeausstrom stark genug, um genügend Sand ins Meer zurückzutransportieren und eine allmähliche Verlandung des Watts zu verhindern,

– Sandbänke, Sandwälle und Inseln, die dem Küstenbereich vorgelagert sind, als natürliche Wellenbrecher funktionieren. Sie brechen die ankommenden Wellen und verlangsamen damit die Strömungsgeschwindigkeit im Meer, so dass sich das aus dem Binnenland antransportierte Material am Meeresgrund absetzen kann.

Ökosystem Wattenmeer

↓ *„Dieses einzigartige Ökosystem ist der Lebensraum für rund 250 Tier- und Pflanzenarten, die nur hier vorkommen sowie zahlreiche andere Arten, die das Watt saisonal besuchen. Im Watt herrschen extreme Bedingungen. Stundenlange Trockenheit bei sommerlicher Hitze oder winterlicher Eiseskälte wechseln mit meterhohem Wasser oder Sturmfluten. Die Wattbewohner sind daher gut angepasst und häufig Spezialisten. Auf den ersten Blick sieht man meist nicht die Lebensvielfalt im Watt, denn zahlreiche Organismen leben im Sand und Schlick vergraben. Viele dieser Arten trifft man in sehr hoher Individuenzahl an. So können z. B. im Sommer auf 1 m² Schlick bis zu 1 Million Kieselalgen vorkommen. Von den Bodenbewohnern des Wattenmeers wird ein großer Teil des Wassers filtriert – pro m² etwa 300 Liter/Stunde. Im Sommer können die Muscheln eines Wattenmeers das gesamte Wattwasser in nur zwei Wochen einmal durch ihre Kiemen filtern und von Schwebstoffen befreien. Bei übermäßiger Abwassereinleitung ins Meer stößt aber auch diese natürliche Selbstreinigung an ihre Grenzen."*

Sabine Seidel. Geographie Infothek. Infoblatt Ökosystem Watt
http://www.klett.de/sixcms/list.php?page=miniinfothek&miniinfothek=Geographie&article=Infoblatt+%D6kosystem+Watt

M2 ***Querschnitt durch ein typisches Watt***

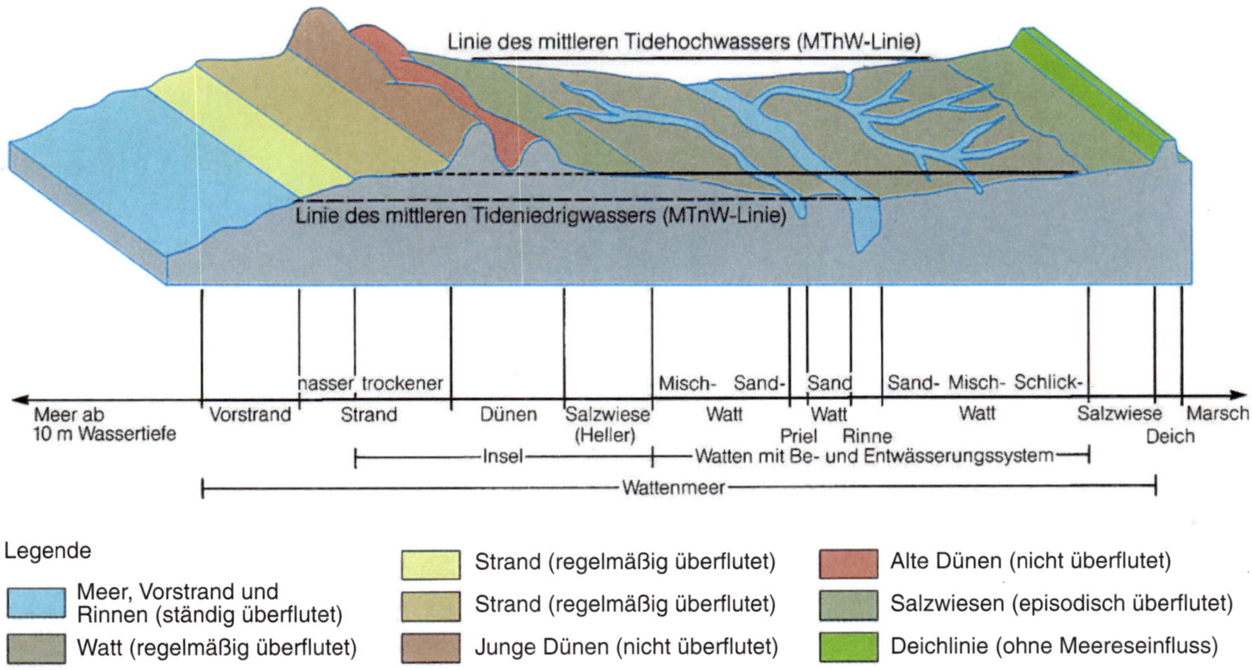

Nach Nationalparkverwaltung Niedersächsisches Wattenmeer, Wilhelmshaven 1988, S. 7

Ölförderung im Wattenmeer

„In der deutschen Bucht steht seit 1985 die einzige deutsche Erdölförderplattform, die Mittelplate A, im Wattenmeer vor Dithmarschen. Das gleiche Ölfeld beutet die Bohrstation Dieksand I aus, die binnendeichs in Friedrichskoog steht. Die von Deutschland geförderte Ölmenge ist im Vergleich zur Gesamtförderung in der Nordsee verschwindend gering. Sie beläuft sich auf 500 000 Tonnen Erdöl pro Jahr (OSPAR 2000). Das Konsortium RWE-DEA, das das Ölfeld in Dithmarschen nutzt, bezeichnet dieses Ölvorkommen jedoch als ‚bedeutend'. Von insgesamt 100 Mio. Tonnen seien 40 % gewinnbar (RWE DEA & Wintershall AG 2006), was dem Bedarf der Bundesrepublik Deutschland bei einer autarken Versorgung von 14 Tagen entspricht."

Institut für Ostseeforschung. Lernportal. Küste, Meer und Integriertes Küstenzonenmanagement http://www.ikzm-d.de/main.php?page=143,3393

Erdöl, das in das Meer gelangt, schwimmt aufgrund seines spezifischen Gewichts (0,7 bis 0,99 g/cm³) auf der Wasseroberfläche und bildet dort einen Ölfilm aus. Wellen und Strömung verteilen das Erdöl in der Fläche. Je nach den vorherrschenden Umweltbedingungen verdampfen Teile des Erdöls oder lösen sich im Meerwasser. Zusätzlich werden einige der auf der Wasseroberfläche schwimmenden Ölbestandteile chemisch abgebaut. Der größte Teil des Erdöls wird von ölabbauenden Bakterien in unschädliche Verbindungen umgewandelt.
Dadurch werden die leicht flüchtigen und leicht löslichen Bestandteile aus dem Ölfilm entfernt. Zurück bleibt ein zähflüssiges und schweres Erdöl, das schließlich zu Teerklumpen (tar balls) zusammenklumpt.

Die Auswirkungen einer Ölverschmutzung sind im Wattenmeer noch gravierender als in der offenen Nordsee. Durch die flache, sandige Wattenmeerküste verölt bei einer Ölverschmutzung eine weitaus größere Fläche als bei einer Steilküste. Die im Vergleich zu einer Steilküste geringere Brandung reduziert die Auswaschwirkung. Der Ölabbau wird durch die Gezeiten erschwert. Öl kann in den Untergrund einsickern, wenn bei Niedrigwasser weite Gebiete immer wieder trocken fallen. Zusätzlich besteht die Gefahr, dass das Öl von Sand überdeckt wird, wodurch der biologische und chemische Abbau stark verlangsamt wird. Sickert das Erdöl in den Boden, reichen wenige Milliliter Öl aus, um drei bis vier Kilogramm lebende Biomasse zu ersticken.
Erschwerend kommt hinzu, dass mit der Flut Watt und Salzwiesen zweimal am Tag gründlich vom hin und her schwappenden Ölteppich getränkt werden. Zusätzlich wird im Wattenmeer der ohnehin schon langwierige Abbau von Rohöl durch den geringen Sauerstoffanteil behindert.

1 *Stellen Sie die Voraussetzungen für die Entstehung eines Wattenmeers dar.*
2 *Begründen Sie die Schutzwürdigkeit des Wattenmeers.*
3 *Erläutern Sie, weshalb eine Ölförderung im Nationalpark Wattenmeer problematisch ist.*
4 *Erstellen Sie mithilfe eines Atlas eine Übersicht möglicher Nutzungskonflikte im Wattenmeer.*

M3 ***Mangrove in Pará, Brasilien 1997***

4.2 Mangrovenküsten als gefährdete Geoökosysteme

Mangroven – ein einzigartiger Küstenraum

↓ *„Nirgendwo sonst teilen sich Meeres- und Landorganismen in solcher Fülle den gleichen Lebensraum wie in den Mangrovensümpfen der tropischen und subtropischen Küsten. Die Lebensgemeinschaften der Mangroven sind einzigartig, weil hier echte terrestrische Organismen in den oberen Stockwerken der Baum- und Strauchschicht siedeln, während unter ihnen wahre Meeresbewohner wohnen.*

Mangroven sind bis zu 30 Meter hohe Bäume und Sträucher aus verschiedenen Pflanzenfamilien mit fast 70 Arten, die sich in besonderer Weise an die Lebensbedingungen der salzigen Küsten und brackigen Flussmündungen angepasst haben.

Um aus dem salzigen Meerwasser überhaupt Wasser aufnehmen zu können, herrscht in ihren Pflanzenzellen ein sehr hoher osmotischer Druck, die Salzkonzentration ist also im Inneren der Zelle höher als im Meerwasser. Ein komplizierter Ultrafiltrationsmechanismus in den Mangroven-Wurzeln lässt Wasser, das in Richtung der höheren Salzkonzentration ins Innere der Zellen diffundiert, hindurch, nicht aber das Salz. Mangroven brauchen ruhige Gezeitenküsten und wie die Korallenriffe sind sie wichtige ‚Landbildner', die an der Entstehung von Land, dessen Schutz gegen Erosion und der Ausbreitung der Küsten direkt beteiligt sind. Ihre Verbreitung beschränkt sich weitgehend auf die Tropen zwischen den 30. Breitengraden nördlich und südlich des Äquators ... Optimale Bedingungen finden sich in brandungsgeschützten Lagen mit regelmäßiger Wasserversorgung. Vor allem in Zeiten hoher Niederschläge wird der immergrüne Wald zusätzlich zur salzigen Flut von der Landseite aus mit Regenwasser überschwemmt, das zusätzliche Nährstoffe und Sedimente einträgt. Die Früchte der Mangroven keimen noch am Baum bevor sie ins Wasser fallen. Früchte und Ableger der Mangroven sind ausnahmslos schwimmfähig ...

Charakteristisch für die Mangrovensümpfe aber sind die dichten, von zahlreichen marinen Lebensformen besiedelten Wurzelgeflechte aus Brett-, Stelz- und Kniewurzeln. Sie geben den Pflanzen Halt auf lockerem, feinem, aber auch hartem Untergrund. Dazwischen ragen unzählige Wurzeltriebe wie Stacheln aus dem Schlick. Weil der schlammige Boden schon in wenigen Millimetern Tiefe sauerstofffrei ist, tragen diese Triebe wichtige Atmungsorgane, Pneumatophoren genannt, ohne die die Wurzeln absterben würden."

Mangroven – Lebenskünstler auf salzigem Grund
http://www.lighthouse-foundation.org/index.php?id=74&L=0%20clasl%3F (Lighthouse Foundation, Stiftung für Meere und Ozeane, Büro Kiel)

Bedeutung der Mangroven

↓ *„Bei heftigen Stürmen, den hier häufig auftretenden Zyklonen und Orkanen, schützt ihr dichtes Wurzelwerk die Küste vor Erosion. Die Wellen verlieren in diesem natürlichen Wellenbrecher ihre Kraft und sind keine große Gefahr mehr für die Küsten. Auch als Windfänger schwächt der Mangrovengürtel die Böen ab und verringert so die Gefahr für die dahinter liegenden Dörfer. Wird dieser Gürtel zerstört, liefert man ganze Küstenstriche Wirbelstürmen aus und kostspielige Deiche müssen zum Küstenschutz errichtet werden.*

Andererseits sind Mangroven ein Filter für die ihnen oft vorgelagerten Korallenriffe. Ohne das Wurzelwerk der Mangrovenbäume fließt die Sedimentfracht der Flüsse ungehindert ins Meer und begräbt die Riffe regelrecht. Die Korallen bekommen so weder Sauerstoff noch das wichtige Tageslicht und sterben ab und mit ihnen das

M2 ***Ehemalige Mangrove, Pará, Brasilien, 2007***

gesamte komplexe Ökosystem Korallenriff – das so maßgeblich für die Stabilität unseres Weltklimas verantwortlich ist. Doch wenn eine Flussmündung von einem Mangrovenwald bewachsen ist, führen die Wurzeln dazu, dass das Wasser der Flüsse hier nur sehr langsam fließt und sich somit das Sediment ablagern kann. Das bedeutet fruchtbaren Boden für die Mangroven und klares Wasser für die Korallenriffe. Darüber hinaus werden auch alle anderen Stoffe, z.B. aus der Landwirtschaft, die in den Flüssen mitgeführt werden, in den Mangroven zurückgehalten. Somit haben die Mangroven eine entscheidende Filterfunktion auch für das Meer und die in ihm lebenden Organismen. Mangroven werden traditionell von offiziellen Stellen meist als wertloses Land betrachtet, das es aufzuwerten gilt. Ihre Umwidmung für landwirtschaftliche, Bau- und Shrimpgroßprojekte erscheint da nur eine logische Konsequenz daraus zu sein."

Mangroven und ihre Bedeutung für Küsten, Tiere und Menschen http://www.greenpeace.at/uploads/media/Mangroven.pdf (Greenpeace in Central and Eastern Europe, Wien)

Garnelenzucht ist verantwortlich für Mangrovenschwund

↓ *„Es gibt neben der Uferbebauung noch einen zweiten wesentlichen Grund für den Schwund der Mangroven. Vor etwa 30 Jahren begann die Weltbank, die Anlage von Shrimp-Farmen in Entwicklungsländern rund um den Äquator zu fördern. Mit der Garnelenzucht glaubte man, gleich zwei Probleme lösen zu können. Die Dritte Welt sollte mit Eiweiß versorgt werden. Und von den Erträgen aus dem Export der Shrimps sollten die Länder ihre Schulden zurückzahlen können. Die Rechnung ging nicht auf. Längst versucht die Weltbank zurückzurudern. Zu spät. Shrimp-Teiche entstehen auf Mangrovenwaldflächen, weil die Garnelen das gleiche warme Meerwasser mögen, in dem sich auch die Mangroven wohl fühlen. Tausende und Abertausende Hektar wurden in Brasilien, in Ecuador, in Thailand, in Indonesien, in Indien oder auf den Philippinen für die Zuchtanlagen gerodet. Und die Farmen führen eine Art Nomadendasein. Nach nur drei bis zehn Jahren sind die Flächen durch Düngemittel, Pestizide und Antibiotika für die immer wieder von Krankheiten befallenen Garnelen derart verseucht, dass neue Teiche angelegt werden müssen. Zurück bleiben öde Landstriche."*

GEO Magazin Nr. 07/06. Mangroven: Lebenskünstler zwischen Land und Meer http://www.geo.de/GEO/natur/oekologie/51037.html?p=4&pageview=&pageview=

M3 ***Traditionelle Nutzung der Mangrovenwälder***

Produkt	Nutzung
Holzprodukte	Bauholz, Möbel Bootsbau, Fischereigeräte Haushaltsgeräte Brenn-/Räucherholz, Holzkohle Spanplatten, Papier
weitere pflanzliche Produkte (Blätter, Triebe, Früchte, Extrakte)	Gemüse/Salat Zucker, Essig, Alkohol traditionelle Medizin Matten, Regenschutz, Körbe Tannine, Öle, Harze, Rindenextrakte Viehfutter Dachschindeln
Tiere/Tierprodukte	Fisch Muscheln, Schnecken, Krebstiere Honig, Wachs Fleisch, Eier

Dr. Carola Elster: MANGROVEN: Ihr Stellenwert, Ursachen ihrer Schädigungen, Möglichkeit ihrer Rehabilitierung, GTZ, Eschborn. Universum Verlagsanstalt Wiesbaden 2001, Seite 10

1 *Erklären Sie, wie Mangroven an das Leben im Salzwasser angepasst sind.*
2 *Stellen Sie die ökologische und ökonomische Bedeutung der Mangrovenwälder dar.*
3 *Erläutern Sie die Veränderungen der Mangrove in Para.*

M1 ***Arktis im Wandel***

Arno Kreus, Norbert von der Ruhren (Hrsg.): Fundamente. Geographie Oberstufe. Stuttgart, Leipzig: Klett 2008, S. 92

4.3 Die Arktis – eine entscheidende Region im globalen Klimageschehen

Sehr niedrige Temperaturen, Eis und der jahreszeitliche Wechsel von Polartag und Polarnacht sind die charakteristischen Geoelemente des Geoökosystems Arktis. Mit „Arktis“ bezeichnete man früher die Region nördlich des Polarkreises. Heute sind klimatische und vegetationsgeographische Kriterien wie die Juli-Isotherme von 10 °C und die Baumgrenze maßgebend für die Abgrenzung. Das Eis bedeckt im Sommer und Winter unterschiedliche Flächen: von etwa 15 Millionen km² Eisbedeckung im Winter sind im Sommer noch knapp 8 Millionen km² vorhanden. Das Eis verbindet Atmosphäre, Festland, Süßwasser und Ozeane. Es prägt die drei Vegetationszonen der Arktis: polare Eiswüste, Tundra und den nördlichen Teil des borealen Nadelwaldes. Obwohl die Arktis durch ihre Meereis-Verbindung zu zwei Kontinenten kein hermetisch abgeschlossenes Geoökosystem darstellt, hat dieser riesige Lebensraum aufgrund seiner klimatischen Bedingungen einzigartige Merkmale: Die Artenzahl ist gering, aber die dort lebenden Arten kommen in einer hohen Populationsdichte vor. Besonders die Unterseite des Meereises ist dicht besiedelt von Algen. In der Grenzschicht mit ihrer hochkonzentrierten Salzlake können bei minus zwei Grad Algen überleben, die nur wenig Licht zur Fotosynthese benötigen. Sie werden vom Krill gefressen, der wiederum in riesigen Schwärmen die Hauptnahrung vieler Wale, Robben, Eisfische und Tintenfische darstellt.

Nach der RGT-Regel (Reaktionsgeschwindigkeit-Temperatur-Regel) verlangsamen sich in der Kälte sämtliche Stoffwechselprozesse: Wachstum von Organismen genauso wie der Abbau von Biomasse oder Schadstoffen. Durch den Klimawandel ist das einmalige Geoökosystem bedroht. Die Temperatur in der Arktis erhöht sich doppelt so schnell wie in der restlichen Welt. Im Sommer 2007 schmolz das Eis der Arktis so stark wie noch nie:

– im September wurden 23 % weniger Treibeis gemessen als beim letzten Tiefstand,
– Grönland verlor die doppelte Menge des in den Alpen vorhandenen Gletschereises,
– die Nordwestpassage, der Seeweg vom Atlantik in den Pazifik durch die kanadischen Inseln, konnte zum ersten Mal wochenlang eisfrei passiert werden.

Wissenschaftler rechnen damit, dass in wenigen Jahren auch die Nordostpassage im Sommer an etwa 100 Tagen genutzt werden könnte. Neuere Schätzungen gehen sogar davon aus, dass bereits 2012 die Arktis im Sommer eisfrei sein könnte. Was für Transportunternehmen und die Erdöl- und Erdgasindustrie wirtschaftlich sinnvoll ist, hat für das Geoökosystem verheerende Auswirkungen. Wenn das Eis schmilzt, verschwinden auch die Algen, die an seiner Unterseite siedeln. Im weniger salzhaltigen Wasser nehmen unproduktivere Süßwasseralgen ihren Platz ein. Da die Algen am Anfang jeglicher Nahrungsketten stehen, macht sich der Verlust an Produktivität in der gesamten arktischen Nahrungskette bemerkbar.

Wird sich das Klima abrupt mit dramatischen Folgen ändern? Wissenschaftler haben weltweit 16 Kipp-Prozesse identifiziert. Das sind die kritischen Stellen auf der Erde, wo bereits kleine Veränderungen ausreichen, das Klima kippen zu lassen. 5 von den 16 möglichen anthropogenen Kipp-Prozessen (tipping elements) liegen in der Arktis.

Wie funktioniert ein „tipping element"? Das Überschreiten einer Klimaschwelle vergleichen Klimatologen mit dem Verhalten eines umkippenden Kanus. Neigt man sich mit einem Kanu zur Seite, beginnt das Boot zu kippen. Beim Überschreiten einer bestimmten Neigung kann sich das Kanu nicht mehr aus der Schräglage aufrichten und kippt vollständig. Analog gilt dies auch für klimawirksame Faktoren. Ist erst einmal die Schwelle überschritten, kann ein Klimaumschwung mehr oder minder plötzlich entstehen.

↓ ***„Fünf Gründe warum sich die Arktis schneller erwärmt:***
1. Die Schnee- und Eisschmelze hinterlässt dunklere Oberflächen, die einen größeren Teil der Sonnenstrahlung absorbieren und somit die örtliche Erwärmung verstärken, die ihrerseits das Schmelzen vorantreibt (sog. positive Rückkopplung).
2. Der Teil der Strahlung, der durch die Treibhausgase absorbiert wird, trägt in der Arktis weitgehend direkt zur Erwärmung der Atmosphäre bei, während in niedrigeren Breiten ein Teil der Energie in die Evaporation (Verdunstung des Bodenwassers) geht.
3. Die Atmosphäre über den Polen der Erde ist von geringerer Mächtigkeit als über der restlichen Erde und heizt sich somit schneller auf.
4. Der Wärmeaustausch zwischen Ozean und Atmosphäre wird mit schwindender Eisbedeckung des Meeres verstärkt und bewirkt, dass der Ozean während der Wintermonate mehr Wärmeenergie an die Atmosphäre abgibt.
5. Die Arktis erhält einen Teil ihrer Wärmeenergie aus den niedrigeren Breiten. Der Transport verläuft über die Atmosphäre und über den Ozean. Veränderungen in diesen Zirkulationsmustern könnten die stetige Erwärmung der Arktis zusätzlich forcieren."

Sabine Zetsche, Cornelia Faller und Ulrike Broich: Klimawandel in der Arktis – Ein Resümee des ACIA-Berichts, Seite 7 Germanwatch e. V. Büro Berlin Dr. Werner-Schuster-Haus Voßstr. 1 Kaiserstr. 201 D-10117 Berlin

M2 *Arktische „tipping elements"*

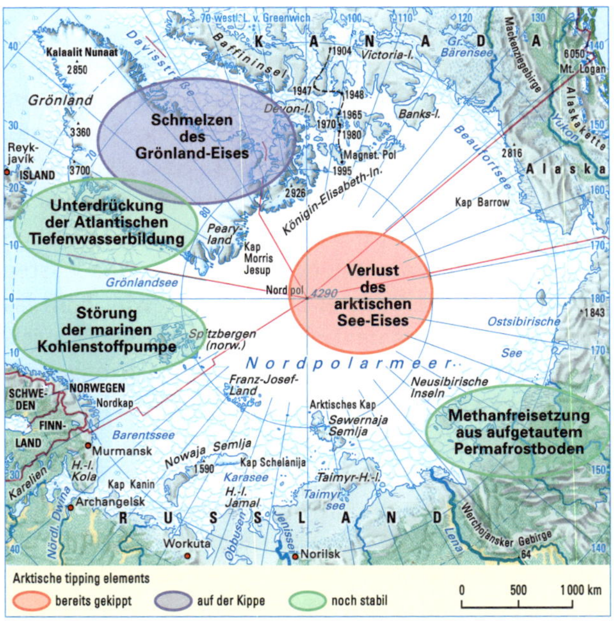

Zusammengestellt nach http://www.pik-potsdam.de/infothek/kipp-prozesse (Potsdam Institut for Climate Impact Research)

1 *Erklären Sie, weshalb die Arktis eine entscheidende Rolle im globalen Klimageschehen spielt.*
2 *Erstellen Sie ein Wirkungsgefüge, welches das rasche Schmelzen des arktischen Meereises erklärt.*
3 *Erörtern Sie ökonomische Folgen einer eisfreien Arktis.*

M1 ***Konzept eines Risikomanagements für Küstengebiete.***

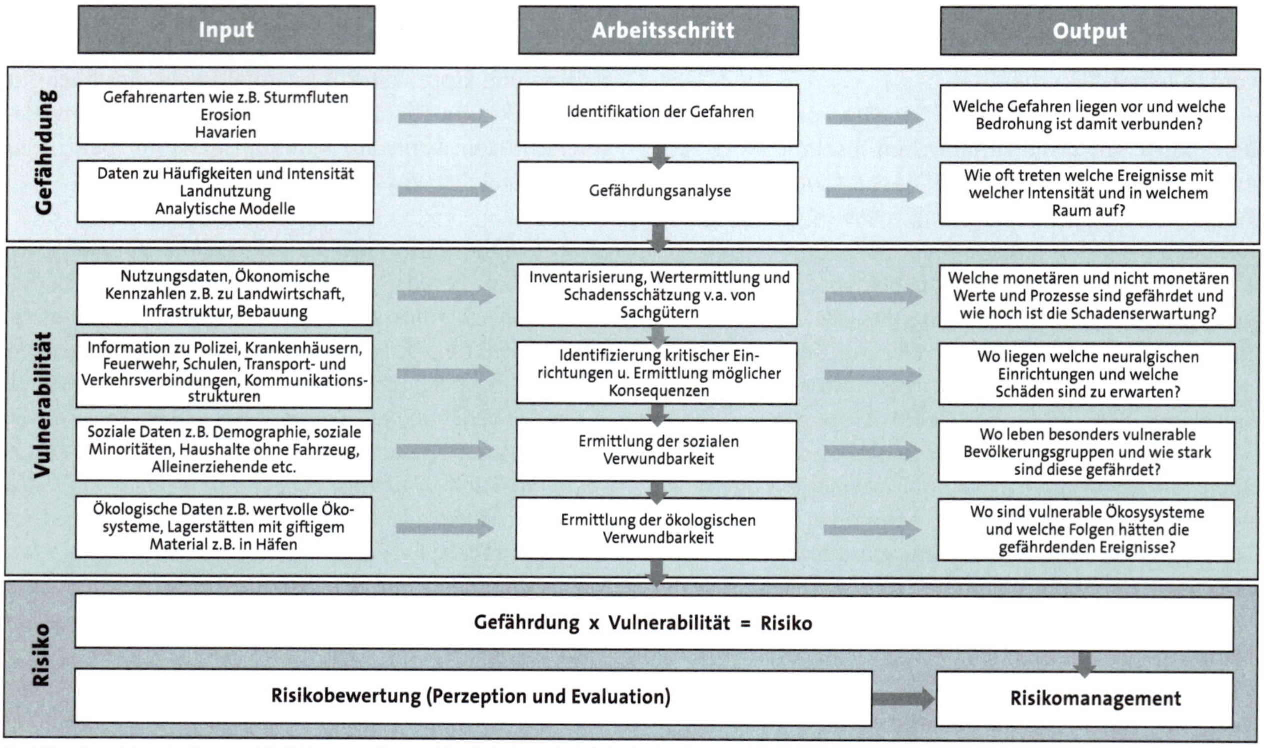

Nach Horst Sterr: Folgen des Klimawandels für Ozeane und Küsten. http://edoc.hu-berlin.de/miscellanies/klimawandel-28044/86/PDF/86.pdf, Seite 96, 25.10.2008, (Humboldt-Universität, Berlin)

5 Möglichkeiten zur nachhaltigen Nutzung von Meeren und Küsten

Die Nutzungsansprüche an Meere und Küsten verändern sich. Insbesondere der Hunger einer wachsenden Weltbevölkerung nach Proteinen, Rohstoffen und Energie wie auch der Klimawandel setzen die Geoökosysteme unter Druck. Zusätzlich hat an den Küsten die Vulnerabilität (Verwundbarkeit) im ökonomischen, ökologischen und sozialen Bereich zugenommen. Auslöser war die ausufernde küstennahe Bebauung und Errichtung von Häfen, Industrieanlagen und Ferienzentren infolge einer stürmischen Entwicklung des Freizeit- und Tourismussektors. Als Folge davon können durch Sturmfluten, Meeresspiegelanstieg und Küstenerosion heute wesentlich größere volkswirtschaftliche Risiken entstehen. Insbesondere der durch den Klimawandel hervorgerufene Meeresspiegelanstieg wird zu einer technischen und finanziellen Herausforderung, welche die Schwellen- und Entwicklungsländer in besonderem Ausmaß trifft. Es ist dazu erforderlich, moderne Konzepte für Risikomanagement zu entwickeln, um weltweit der Gefährdung der Küstengebiete zu begegnen. Die Elemente eines solchen Konzeptes und die erforderlichen Schritte zur Umsetzung zeigt M1.

Damit stellt sich die Frage nach Handlungsperspektiven: Welche Zukunft haben Küsten und Ozeane? Gibt es Möglichkeiten einer nachhaltigen Nutzung? Was kann ich als Verbraucher tun?
An drei Beispielen – Integriertes Küstenzonenmanagement, nachhaltige Fischerei und nachhaltiger Tourismus – werden Handlungsoptionen vorgestellt.

5.1 Integriertes Küstenzonemanagement (IKZM)

Eine wesentliche Grundlage zur nachhaltigen Nutzung von Meeren und Küsten sind die Beschlüsse der Konferenz der Vereinten Nationen, die in Rio de Janeiro im Jahre 1992 stattfand. In der beschlossenen Agenda 21 sind im Kapitel 17 die Zielsetzungen für eine nachhaltige weltweite Entwicklung von Meeren und Küsten dargelegt. Als besonderer Schwerpunkt wird hier das integrierte Management und die nachhaltige Entwicklung der Küstenzonen einschließlich der Küstengewässer bis hin zur 200 Seemeilen Grenze aufgeführt.

Was ist IKZM?

↓ *„Integriertes Küstenzonenmanagement (abgekürzt = IKZM; engl.: Integrated Coastal Zone (Seashore) Management, abgekürzt = ICZM) beschäftigt sich mit der umfassenden Beschreibung und Bewertung von Küstensystemen. Ein Integriertes Küstenzonenmanagement stellt einen Lösungs-*

ansatz dar, um gegenwärtige und zukünftige Nutzungskonflikte in Küstenräumen bestmöglich zu lösen und die Küste ökologisch nachhaltig zu nutzen und dennoch ökonomischen Nutzen aus ihr zu ziehen.
Integriertes Küstenzonenmanagement leitet aus dem kontinuierlichen, dynamischen (und iterativen) Prozess der umfassenden Beschreibung und Bewertung von Küstensystemen Zielvorstellungen für die gewünschte Entwicklung von Küstenregionen ab. Wesentlicher Bestandteil eines Integrierten Küstenzonenmanagements ist die gleichwertige Berücksichtigung von Ökologie, Ökonomie und Sozialem.
Integriertes Küstenzonenmanagement umfasst alle auf die Küste und das Meer wirkenden Tätigkeitsfelder des Menschen. Dies sind z. B. Abfallentsorgung, Aquakultur, Energiegewinnung, Fischerei, Industrie, Landwirtschaft, Natur- und Umweltschutz, Rohstoffentnahme, Seeschifffahrt, Tourismus. Ein IKZM ist in erster Linie ein politischer Prozess, der auf bestehende politische und rechtlich-administrative Strukturen eines Landes/einer Region aufgesetzt wird. Integriertes Küstenzonenmanagement unterscheidet sich von der traditionellen politischen Planung u.a. dadurch, dass der Partizipation, d. h. der Beteiligung der jeweils betroffenen Bevölkerung vor Ort ein höherer Stellenwert beigemessen wird. Ein weiterer wichtiger Aspekt eines IKZM ist, dass es auf bestehende Ideen, Aktivitäten und Initiativen in einer Region aufbaut."

Anke Kerlauf. Integriertes Küstenzonenmanagement
http://www.ikzm-umweltbildung.de/ (Innenministerium des Landes Schleswig-Holstein)

IKZM Oder: Regionale Probleme in der Odermündungsregion

↓ *„Das Oderästuar bildet eine ländliche Grenzregion zwischen Deutschland und Polen, die sich durch ein hohes naturräumliches Potenzial mit vielfältiger Landschaft und prägenden großen Küstengewässern auszeichnet. Die gesamte Region leidet unter massiven wirtschaftlichen Problemen und starken Gradienten zwischen Ost und West sowie Küste und Hinterland. Die derzeit rasante touristische Entwicklung bildet den wichtigsten Hoffnungsträger. Demzufolge stellen die touristische Entwicklung einerseits und die Umwelt andererseits die zentralen regionsspezifischen Themen dar, die aber mit zahlreichen anderen Nutzungen im Konflikt stehen. Bemerkenswert ist zudem der zunehmende Grenzverkehr zwischen Deutschland und Polen.*
Tourismus- und Umweltqualität lassen sich nur unter Berücksichtigung der anderen Nutzungen im Sinne einer nachhaltigen Entwicklung verknüpfen und machen ein umfassendes regionales Integriertes Küstenzonenmanagement (IKZM) erforderlich. Gleichzeitig muss IKZM grenzübergreifend angelegt sein ...
Die Küstengewässer werden massiv und vielfältig durch die Oder mit ihrem 120 000 km² großen Einzugsgebiet belastet. Etwa 90 % des Einzugsgebietes liegen auf polnischer Seite. Starke Eutrophierung und Wasserqualitätsprobleme sind die Folge der anhaltenden Nähr- und Schadstoffeinträge. Sie werfen sowohl Probleme für die touristische Entwicklung als auch für den Naturschutz in Deutschland und Polen auf. An den Gewässern wird die Notwendigkeit der Kopplung von Einzugsgebiet und Küste deutlich, denn Einzugsgebietsmanagement ist hier gleichzeitig Küstengewässermanagement."

Leibnitz-Institut für Ostseeforschung. Küsteninformationssystem Odermündung
http://www.ikzm-oder.de/ikzm-oder_hintergrund.html#p3, 15.10.2008

Ziele und Nutzen des IKZM-Oder

↓ *„Allgemeine Zielsetzungen des Projektes*
– Wissenschaft & Innovation: Beantwortung von wissenschaftlichen, innovativen Fragen zum IKZM, die grundsätzliche, überregionale Bedeutung besitzen, aber auf konkreten regionalen Notwendigkeiten basieren. Zudem sollen Forschungsperspektiven für die Zukunft geschaffen werden.
– Modellregion: Schaffung von Strukturen und Ansätzen, die als dauerhafter Schirm für IKZM in der Region über die Projektlaufzeit hinausreichen, Modellcharakter besitzen und auf andere Regionen übertragbar sind.
– Strategien – regional, national, international: Unterstützung eines regionalen IKZM, welches maßgeblich zur Weiterentwicklung und Konkretisierung der nationalen IKZM-Strategie beiträgt und internationalen Lehr- und Beispielcharakter besitzt.
– Küsten-Bildung: Schaffung eines Bewusstseins für die regionalen Probleme in der Küstenzone und die Möglichkeiten nachhaltiger Lösungen sowie regionale, nationale und internationale Weiter- und Ausbildung von Fachpersonal im Bereich des Integrierten Küstenzonenmanagements.
– Partizipation & Kommunikation: Erprobung und Evaluierung von neuen Verfahren zur Verbesserung der (grenzübergreifenden) Kommunikation, Information, Zusammenarbeit und Partizipation sowie Unterstützung, Nutzung, Bündelung und Optimierung bestehender Aktivitäten und Strukturen für das Thema IKZM.
Für die Region ergibt sich folgender praktischer Nutzen:
– Werbeeffekt als nationale und weltweite IKZM Referenz- und Musterregion.
– Förderung der deutsch-polnischen Integration sowie der Identifikation der Bevölkerung mit der Region.
– Allgemeine Verfügbarkeit von Daten, Fakten und Informationen.
– Katalyse und Objektivierung von Entscheidungsprozessen u. a. durch Information, Beratung und Bereitstellung von Werkzeugen."

Leibnitz-Institut für Ostseeforschung. Küsteninformationssystem, 3. Phase (03/2008–04/2010)
http://www.ikzm-oder.de/ikzm-oder_phase3.html

1 Beschreiben Sie die Zielsetzung eines IKZM.
2 Erläutern Sie, unter Einbeziehung von einer Atlaskarte, weshalb die Odermündungsregion von einem IKZM profitieren wird.
3 Informieren Sie sich über den aktuellen Stand des IKZM-Oder mithilfe folgender Web-Adresse: http://www.ikzm-oder.de/ikzm-oder_phase3_geplante_produkte.html

5.2 Nachhaltige Fischerei?

Fisch gilt als hochwertiges und bekömmliches Nahrungsmittel und ist in vielen Teilen der Welt sogar die Hauptquelle tierischen Eiweißes. Mit 14,8 Kilogramm Fisch und Meeresfrüchten verzehrt jeder Deutsche pro Jahr weniger als der Weltdurchschnitt (16,1 kg).
Trotz des geringen Verbrauchs in Deutschland schlagen Wissenschaftler Alarm: Fisch wird zu einer knappen Ware.
Und dennoch: Auch in Zukunft wird die Menschheit nicht auf Fisch verzichten können oder wollen. Deshalb muss dringend umgedacht werden: Fischfang muss nachhaltig betrieben werden. Dies ist durchaus im Interesse der Verbraucher: 95 % wünschen sich mehr Informationen, wie sie umweltgerecht Fisch und Meeresfrüchte einkaufen können. Daneben sind internationale Regelungen notwendig. Zum einen, weil Fischfang in internationalen Gewässern betrieben wird und zum anderen, um die wandernden Bestände vieler Fischarten nachhaltig zu schützen.

Wichtige internationale Meeresschutzabkommen und -kommissionen

„Internationale Nordseeschutzkonferenz. *Anfang der 80er-Jahre stieg bei den Nordsee-Anrainerstaaten die Sorge, dass das Ökosystem der Nordsee durch die steigende Schadstoffbelastung und chronische Ölverschmutzung irreversible Schäden davontragen könnte. Um die Nordsee wirksamer schützen zu können, wurde 1984 die 1. Internationale Nordseeschutzkonferenz in Bremen abgehalten. Als Schwerpunkte kristallisierten sich im Verlauf von sechs weiteren Ministerkonferenzen folgende Themen heraus: Schutz von marinen Arten und Lebensräumen, Fischerei, Eintrag gefährlicher und radioaktiver Stoffe, Eintrag von Nährstoffen und Eutrophierung, Verklappung von Industrieabfällen, Klärschlamm und Baggergut und ausgediente Öl- und Gasplattformen auf See. Im Gegensatz zu anderen internationalen Meeresschutzabkommen (OSPAR-Abkommen zum Schutz des Nordostatlantik, gemeinsame EU-Fischereipolitik etc.) sind die Erklärungen der Nordsee-Umweltminister nicht rechtsverbindlich.*
UNCLOS *Das UN-Seerechtsabkommen UNCLOS von 1992 regelt allgemeine Grundsätze des Seerechts, unter anderem auch zur Verhinderung der Meeresverschmutzung. Da UNCLOS nur einen Rahmencharakter hat, müssen konkrete Inhalte und Ergänzungen durch die Vertragsstaaten erfolgen."*

http://www.un.org/Depts/los/index.htm (United Nations, New York)

„Die Prinzipien des MSC-Standards (Marine Stewardship Council):
Prinzip 1: Nachhaltigkeit der Bestände
Ein Fischereibetrieb muss in einer Weise operieren, die nicht zur Überfischung oder Erschöpfung der befischten Bestände führt. Wo Bestände erschöpft sind, müssen die Fischereiaktivitäten nachweislich zu deren Erholung führen. Prinzip 1 soll dafür sorgen, dass die Produktivität der Ressourcen auf hohem Niveau gehalten und nicht zugunsten kurzfristiger Interessen riskiert wird.
Prinzip 2: Minimale Auswirkungen auf das Ökosystem
Die Aktivitäten der Fischerei sollen Struktur, Produktivität, Funktion und Diversität des Ökosystems aufrechterhalten. Hier werden etwa die Auswirkungen des Fanggerätes auf den Meeresboden oder der Beifang, also das unbeabsichtigte Fangen von Jungfischen, anderen Fischarten, Wasservögeln und Meeressäugern betrachtet.
Prinzip 3: Effektives Management
Der Fangbetrieb muss relevante Gesetze und Standards einhalten. Das Managementsystem soll einen institutionellen und operativen Rahmen für die verantwortungsvolle Ausbeutung der Ressource vorgeben. Das Managementsystem schafft die Voraussetzungen einer effektiven Implementierung von Prinzip 1 und 2."

http://www.msc.org/de/fischereien (Marine Stewardship Council, Head Office London)

Kritikpunkte von Umweltorganisationen wie Greenpeace am MSC

„Greenpeace fordert das Marine Stewardship Council auf, die MSC-Kriterien so zu überarbeiten, dass das Siegel als überzeugendes Zeichen für eine ökologisch verantwortungsvolle und sozial verträgliche Fischerei steht:
– keine Zertifizierung von Produkten aus überfischten Beständen,
– keine Zertifizierung von Produkten aus Fischereien, bei denen bedrohte Arten gefangen werden (Beispiel: Im Falle der vom MSC zertifizierten Fischerei auf Hoki werden pro Jahr rund 1 000 Pelzrobben sowie bedrohte Albatross-Arten getötet, die bereits auf der IUCN-Liste der bedrohten Arten stehen.),
– keine Produkte aus Fischereien, die eine hohe Beifangrate oder andere zerstörerische Auswirkungen auf die Meeresumwelt haben,
– alle drei Bereiche, Ökologie, Soziales und Wirtschaftlichkeit sollten beim MSC gleichberechtigt in dem Entscheidungsgremium vertreten sein."

http://www.greenpeace.de/themen/meere/fischerei/artikel/das_marine_stewardship_council_msc/ (Greenpeace Deutschland, Hamburg)

Nachhaltige Fischerei ist möglich

„Noch nie waren die Bestände in Nord- und Ostsee so gering wie in diesem Jahr. Zugleich meldet Norwegen Rekordfänge. Die Skandinavier zeigen, wie nachhaltige Fischerei funktioniert. ... Von solchen Zuständen kann Rainer Froese, Fischereibiologe am Kieler Leibniz-Institut für Meereswissenschaften, nur träumen. Während sich norwegens Fischer über gesunde Kabeljaubestände freuen, sind die Bestände in Nordsee und Ostsee auf einem Tiefststand angelangt ... Allein in der Nordsee sind die Ka-

beljaubestände von geschätzten 250 000 Tonnen Anfang der Siebzigerjahre immer weiter bis auf heute 70 000 Tonnen gesunken. Bei dieser Marke sieht der Internationale Rat zur Erforschung der Meere (Ices) die ‚kritische Mindestgröße'. Darunter könnten die Bestände komplett zusammenbrechen ...
Laut Schätzungen des Ices wurde auf den Trawlern zugleich mindestens genauso viel Kabeljau, der im Ostseeraum auch Dorsch genannt wird, tot über Bord geworfen, wie gemäß Quote an Land gebracht wurde. Es waren lauter Fische, die unter der vorgeschriebenen Mindestgröße von 30 Zentimetern lagen. Zudem gab es noch viele illegale Fänge. Zusammengerechnet könnten im vergangenen Jahr nach Ices-Schätzungen fast neun von zehn Elterntieren aus den Meeren geholt worden sein. Kein Wunder also, dass es Dorsch und Kabeljau nun an Nachwuchs mangelt. Dass die Norweger zur gleichen Zeit einen stabilen Kabeljaubestand haben, betrachtet Froese als Beweis dafür, dass ein nachhaltiges Bewirtschaften der Fanggründe möglich ist und sich auch auszahlt.
Norwegen gehört nicht zur EU und sieht seine Fangflotte nicht im Verdrängungswettbewerb mit anderen Nationen. Das Fischereiministerium in Oslo lehnt seine Fangquoten deshalb viel gewissenhafter an wissenschaftliche Empfehlungen an. Zudem hat es in den vergangenen Jahren zahlreiche Schutzmaßnahmen eingeführt: Anders als in der EU wird der Beifang zu den Fangmengen gezählt und darf nicht einfach über Bord geworfen werden, nur weil die Quote schon erreicht ist. Auch die Mindestgröße der verwertbaren Fische ist in den meisten Fangregionen mit 47 statt 30 Zentimetern deutlich höher angesetzt als in der EU.
In der Laichzeit des Kabeljaus von März bis April fischen die norwegischen Fischer nicht mit Netzen, sondern nur mit langer Leine, Haken und Köder. Ein laichbereiter Kabeljau frisst nicht, geht deshalb nicht an den Haken und bleibt somit für den Erhalt des Bestandes am Leben. Die Kontrollen sind rigide. Bis zu zehn Boote der norwegischen Fischereiaufsicht sind während der Saison in den Fanggründen unterwegs und prüfen, ob die Fischer alle Vorschriften beachten. Bei schweren Verstößen dürfen die zuständigen Beamten sogar den gesamten Fang beschlagnahmen ...
Während in der EU weiter zwischen Fachleuten, Fischern und Politikern ergebnislos über Lösungen des Kabeljaudilemmas gestritten wird, sind die Norweger bereits einen Schritt weiter. Seit Jahren erforschen sie, wie man eine hohe Fischproduktion erreichen kann, ohne dabei die Meere plündern zu müssen: So wie heute schon Lachs in großen Mengen in Aquakultur produziert wird, wollen die Norweger künftig auch Massen von Kabeljau in Fischfarmen züchten."

Sebastian Tilch: Fischzucht für die Zukunft. In: Rheinischer Merkur, Nr. 31/2008, Seite 16

1 Erörtern Sie, ob die Versorgung der Menschheit mit Fisch nachhaltig erfolgen kann.
2 Informieren Sie sich, wie Sie in Ihrer Region umweltgerecht Fisch einkaufen können. Verwenden Sie dazu auch den Fischführer von Greenpeace (http://www.greenpeace-magazin.de/fileadmin/fischfuehrer/frame.html)

M1 Welcher Fisch darf auf den Tisch? Auswahl

- 1 Fisch: Fischbestand derzeit nicht gefährdet
- 2 Fische: Deutliche Anzeichen von Überfischung
- 3 Fische: Bestand akut bedroht
- 1 Eimer: Schäden durch Fang oder Zucht mäßig
- 2 Eimer: Gravierende Folgen für die Umwelt
- 3 Eimer: Katastrophale Umweltauswirkungen

	Art/Gruppe	Hintergrund	Bestand/Haltung	Fangmethode/Schäden
Akzeptabel	**Hering** (Clupea harengus) 	Lebt in Nord- und Ostsee sowie im gesamten Nordatlantik in Schwärmen von bis zu einer Million Fischen. Als Beute vieler größerer Tiere spielen Heringe eine wichtige Rolle im Ökosystem. In der Nordsee bahnt sich ein neues Problem an: Es gibt kaum Nachwuchs. Forscher fürchten, dass es den Fischlarven infolge der Meereserwärmung an Nahrung mangelt.	(1 Fisch) Norwegischer und Nordsee-Hering dank niedriger Quoten für 2006 nicht zu stark befischt. In der westlichen Ostsee stabil. (2 Fische) In der zentralen Ostsee wird zu viel gefischt, der Bestand schrumpft zudem wegen Nahrungsmangel.	Schleppnetze in höheren Wasserschichten, in der Nordsee etwa zehn Prozent. Beifang an Makrele und Stöcker. Seltener ist Hering aus Stellnetzfischerei im Handel, bei der kaum Beifang auftritt. Heringe aus der östlichen Ostsee können mit Dioxin belastet sein.
Katastrophal	**Heilbutt** (Hippoglossus spp. und Reinhardtius hippoglossoides) 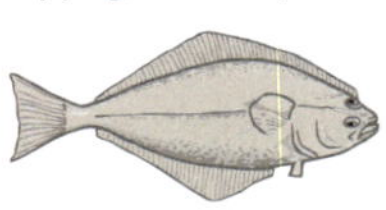	Heilbutte streifen in den Tiefen der Nordmeere umher und sind für Plattfische relativ schlank, aber groß: Bis zu drei Meter große Exemplare des Weißen Heilbutts wurden früher gefangen. Neuerdings wird die Art in geringen Mengen in Aquakultur gezüchtet. Den kleineren Schwarzen Heilbutt gibt es meist als Räucherware.	(3 Fische) Weißer Heilbutt extrem überfischt. Schwarzer Heilbutt nur wenig besser. Wissenschaftler fordern für beide Arten den Erholungsplan. (1 Fisch) Selten in den Handel kommt der Pazifische Heilbutt. Er wird gut gemanagt, die Bestände sind stabil.	(2 Eimer) Langleinen und Schleppnetze, als Beifang Rotbarsch, Grenadier, Haie und Rochen. Teilweise Schleppnetzverbot zum Heilbutt Schutz, das auch anderen Arten nützt. Als fettreiche, langlebige Art kann Heilbutt mit Umweltgiften belastet sein.

Nach http://www.greenpeace-stuttgart.de/themen/meere/Konsumentenfuehrer_Fisch_vorne.pdf (Greenpeace-Gruppe Stuttgart)

5.3 Fluch und Segen: Tourismus an den Meeresküsten

Konfliktfelder des Tourismus an den Meeresküsten sind Flächen- und Ressourcenverbrauch, Biodiversitätsverlust und die Folgen des Klimawandels. Andererseits kommt dem Tourismus eine wichtige Aufgabe bei der Überwindung von Armut in Entwicklungsländern zu. So stehen den offensichtlichen Chancen einer Tourismusentwicklung erhebliche Risiken durch Störung der gewachsenen ökonomischen, ökologischen und sozialen Strukturen gegenüber. Die Auswirkungen des Tourismus auf eine Gesellschaft werden durchaus kontrovers beurteilt.

Tourismus-Entwicklung gegen Armut

↓ *„Die World Tourism Organisation der Vereinten Nationen (UNWTO) schätzt, dass der Tourismus in der Karibik über 35 Prozent der gesamten Exporterlöse erzielt, im pazifischen Raum sind es etwa 25 Prozent. Allerdings fließt ein erheblicher Teil der Gewinne zurück in die Industrienationen (in der Karibik etwa 30–50 Prozent), überwiegend an Fluggesellschaften, Hoteleigentümer und die Zulieferer importierter Nahrungsmittel und Getränke. Je weniger Güter für den Tourismus ein Land selbst produziert, kleine Inselstaaten etwa, desto höher ist die so genannte Sickerrate (‚Leakage'), desto mehr fließen die kostbaren Devisen wieder ins Ausland ab.*

Dennoch kommt dem Tourismus bei der Armutsbekämpfung eine wichtige Rolle zu. Gerade für Länder, die über weniger Rohstoffe verfügen und im industriellen Sektor oder im Dienstleistungsbereich nicht konkurrenzfähig sind, bietet der Tourismus ein Potenzial für wirtschaftliche Entwicklung und Schaffung von Einkommen. Für eine gerechtere Verteilung der Erträge aus dem Tourismus und die Beteiligung der einheimischen Bevölkerung an der Wertschöpfung unterstreicht die UNWTO auch die Bedeutung von entsprechenden Gesetzen wie Sozial- und Arbeitsgesetze, Steuern, Lenkungsabgaben, Investitionsbedingungen und Regulierungsmaßnahmen zum Schutz der natürlichen Ressourcen in den Urlaubsländern. Chancenreich ist der Tourismus durchaus auch für die lokale Fischerei- und Landwirtschaft. In der Dominikanischen Republik beispielsweise werden nunmehr fast 8 % der nationalen Produktion für die Verpflegung der Touristen aufgebracht."

Fluch und Segen: Tourismus an den Meeresküsten http://www.lighthouse-foundation.org/index.php?id=227&L=2-23k (Lighthouse Foundation, Stiftung für Meere und Ozeane, Büro Kiel)

Nachhaltiger Tourismus

↓ *„Die Reduzierung der durch den Tourismus verursachten Umweltbelastungen ist hierbei noch vergleichsweise gegenständlich, schwieriger ist es, die ökonomische und insbesondere die soziale Dimension eines nachhaltigen Tourismuskonzeptes zu konkretisieren ... Im Kern ist nachhaltiger Tourismus langfristig umweltgerecht, wenn*
– die natürlichen Ressourcen Boden, Wasser, Atmosphäre sowie die biologische Vielfalt nicht vermeidbar beeinträchtigt oder nicht dauerhaft geschädigt werden.
– die am Tourismus beteiligten Unternehmen Maßnahmen zu Erhaltung und Schutz der natürlichen Umwelt aktiv fördern.
– zur Anreise und Mobilität vor Ort umweltfreundliche Verkehrsmittel gewählt oder deren Nutzung gefördert werden.
– touristische Einrichtungen wie Hotels, Restaurants und Freizeitanlagen Ressourcen schonende Techniken nutzen und entsprechendes Verhalten fördern.

Nachhaltiger Tourismus ist wirtschaftlich tragfähig, wenn
– die Einnahmen aus dem Tourismus zum Einkommen der lokalen Bevölkerung beitragen und die Entwicklungschancen der Region sichern.
– der Profit nicht nur den großen Reiseveranstaltern in den Herkunftsländern, sondern auch der Region und der lokalen Bevölkerung zu Gute kommt.
– die im Tourismus Beschäftigten angemessen entlohnt werden.
– sichere Arbeitsplätze und humane Arbeitsbedingungen für die lokale Bevölkerung geschaffen werden, die deren Lebensqualität verbessern.
– eine einseitige wirtschaftliche Abhängigkeit vom Tourismus vermieden wird und damit die Auswirkungen eines möglichen Rückgangs der Besucherzahlen in der Zukunft abgeschwächt werden.

Nachhaltiger Tourismus ist sozial verträglich, wenn
– die vor Ort lebende Bevölkerung an einer transparenten Planung und Ausführung des Tourismus beteiligt wird.
– kulturelle Werte und Geflogenheiten des Gastlandes respektiert werden.
– die Belastungen für die einheimische Bevölkerung gering gehalten und ihre Bedürfnisse sowie ihr Recht auf Selbstbestimmung berücksichtigt werden.
– die im Tourismus Beschäftigten gerecht entlohnt und nicht ausgebeutet werden.
– eine angemessene Arbeitsschutz- und Sozialgesetzgebung Anwendung findet."

Fluch und Segen: Tourismus an den Meeresküsten http://www.lighthouse-foundation.org/index.php?id=227&L=2-23k (Lighthouse, Foundation, Stiftung für Meere und Ozeane, Büro Kiel)

Wie kann ich als Tourist zum Schutz von Küsten und Meeren beitragen? Der WWF (World Wide Fund For Nature) hat den „Touristischen ökologischen Fußabdruck" entwickelt. Damit wurden Reisen untersucht, welche typisch für das Urlaubsverhalten der Deutschen sind, wie zum Beispiel für Jugendliche die Reise nach Mallorca:

M1 ***Der touristische Fußabdruck – Urlaub am Meer***

Mallorca: Sommer, Sonne, Sand und mehr

Reiseziel Mallorca: 3,3 Mio. Urlaubsreisen der Deutschen in 2007

wichtigste Verkehrsmittel

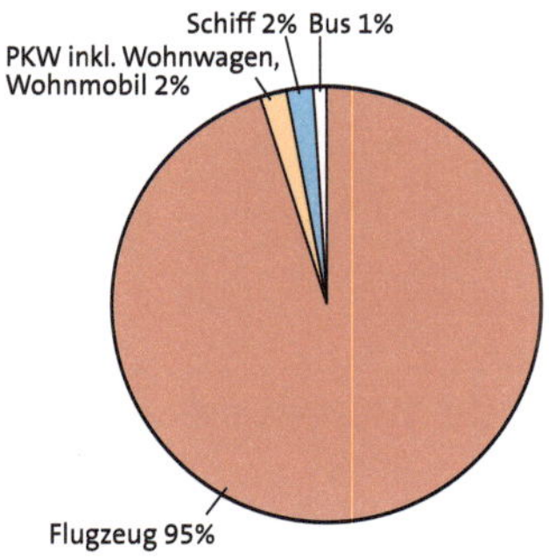

Unterkunft

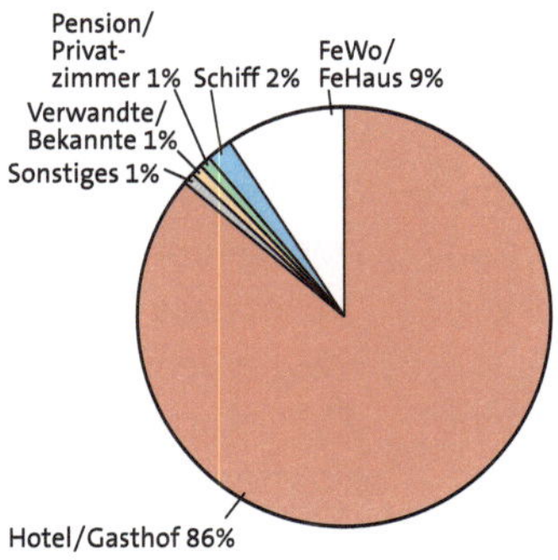

Unter lautem Lachen quetschen Ulrike, Bettina und Anja ihre Koffer in das Auto und machen sich auf den Weg zum Airportbus, der sie zum Hamburger Flughafen bringen soll. Die 30 Kilometer lange Busfahrt und auch der Flug von Hamburg nach Palma de Mallorca gehen schnell vorbei.

Viel länger, so scheint es den frischgebackenen Abiturientinnen, sitzen sie jetzt schon im Bus, der sie zu ihrem Hotel im 70 Kilometer entfernt gelegenen Alcúdia bringen soll. Und dann noch die ganzen Abgase, die bei den unzähligen Stopps an den anderen Hotels in den Bus ziehen, der immer mit laufendem Motor vor dem Hotel steht, wenn die anderen Gäste ihre Koffer nicht finden. Die drei sind froh, als sie endlich in ihrem Hotel angekommen sind.

Das Vier-Sterne-Hotel mit den riesigen Pools und der Wellness-Landschaft sieht fast so aus wie im Prospekt. Das Zimmer erscheint den Mädchen riesig und der Blick vom Balkon direkt auf das Meer ist einfach umwerfend.

Nach dem Essen machen sie sich auf in den Ort, um ihren Mietwagen abzuholen, den sie für die ganze Zeit ihres Urlaubes auf der Insel gebucht haben. Denn schließlich wollen sie nicht nur am Strand liegen, sondern haben auch ein straffes Ausflugsprogramm geplant, das sie unter anderem in das Tramuntana-Gebirge, nach Palma und an verschiedenste andere Strände der Insel bringen soll. Und 500 Kilometer in zwei Wochen sind nicht viel, darin sind sie sich einig. Außerdem hat das Auto eine Klimaanlage, so dass man auch die heißen Mittagstemperaturen im Auto gut aushalten kann.

Ulrike hat auch einen Schnuppertauchkurs gebucht. Mit Sauerstoffflaschen und allem was dazu gehört, will sie sich drei Tage lang der Unterwasserwelt nähern, während die anderen beiden lieber über dem Wasser bleiben und sich auf einem ganztägigen Motorbootausflug amüsieren, bei dem sie sich u. a. auch mit dem Fallschirm in die Luft ziehen lassen. Spontan lassen sich die drei auch noch zu einer Tagestour mit dem Quad überreden. Jeden Abend geht es in eine der zahlreichen Bars, wo die drei bis in die Morgenstunden ihren Urlaub feiern.

Touristischer Klima-Fußabdruck
CO_2 pro Person 1 221 kg:

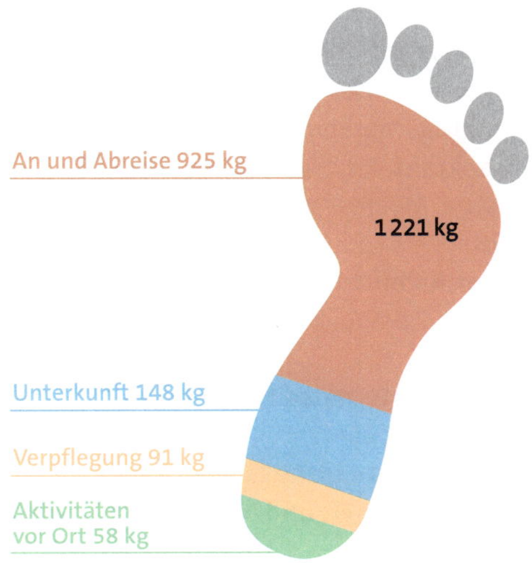

Bei der An- und Abreise wurden pro Person 925 Kilogramm CO_2-Equivalente freigesetzt, 916 Kilogramm davon entfallen auf den Flug. 13 Übernachtungen im 4-Sterne-Hotel schlagen mit 148 Kilogramm CO_2-Equivalenten zu Buche, Vollpension (= 25 warme Mahlzeiten) mit 91 Kilogramm. Die aktivitätsbezogenen Emissionen verursachen 58 Kilogramm (Mietwagenfahrten 36 Kilogramm, Motorbootfahrt 16 Kilogramm, Quad-Fahrt sechs Kilogramm).

Tipps für Ulrike, Bettina und Anja zur Verringerung ihres touristischen Klima-Fußabdrucks

Suchen Sie sich nach Möglichkeit ein Reiseziel aus, das nicht so weit entfernt liegt und nicht nur mit dem Flieger erreichbar ist.

Verzichten Sie auf Sportarten, die viel Energie oder Wasser verbrauchen – insbesondere dort, wo Wasser ohnehin schon knapp ist: Paddeln statt Motorboot, Fahrrad statt Quad.

Nach der touristische Fußabdruck. WWF Deutschland, Frankfurt am Main, 2008
http://www.wwf.de/fileadmin/fm-wwf/pdf_neu/Der_touristische_Klima-Fussabdruck.pdf, Seite 7, 20.10.2008 (WWF Deutschland, Frankfurt)

1 *Erörtern Sie am Beispiel eines Urlaubs am Mittelmeer die Auswirkungen von Massentourismus.*

2 *Überprüfen Sie in ihrer Lerngruppe mithilfe folgender Web-Adresse, ob ihre Urlaubsreisen ans Meer (auch ihre Studienfahrten) den Anforderungen eines nachhaltigen Tourismus entsprechen http://www.reisekompass-online.de/*

6 Literaturhinweise und Internetadressen

Alan H. Strahler, Arthur N. Strahler: Physische Geographie, Stuttgart: Verlag Eugen Ulmer, 2005
Manfred Hendl und Herbert Liedtke (Hrsg.): Lehrbuch der Allgemeinen physischen Geographie, Gotha: Perthes, 1997
Kurlansky, Mark: Kabeljau. Der Fisch, der die Welt veränderte. München: List, 2001
Leier Manfred (Hrsg.): Weltatlas der Ozeane, München: Frederking und Thaler, 2001
Rodenberg, Hans-Peter: See in Not. Die größte Nahrungsquelle des Planeten: eine Bestandsaufnahme. Hamburg: Marebuchverlag 2004
Rosenkranz, Erhard: Das Wasser der Erde – Eine geographische Meeres- und Gewässerkunde, Gotha: Pethes, 1996
Stefan Rahmstorf/Katherine Richardson: Wie bedroht sind die Ozeane, Frankfurt: S. Fischer Verlag, 2007

Ergiebige Internetseiten
Arctic report card:
http://www.arctic.noaa.gov/reportcard/index.html
Bund für Umwelt und Naturschutz Deutschland
www.bund.net
Bundesamt für Seeschifffahrt und Hydrographie
www.bsh.de
Bundesanstalt für Geowissenschaften und Rohstoffe
www.bgr.bund.de
Bundesforschungsanstalt für Fischerei
www.bfa-fish.de
Bundesmarktverband der Fischwirtschaft e.V.
http://www.fischverband.de/index.html
Bundesministerium für Ernährung, Landwirtschaft und Verbraucherschutz
www.bmelv.de, www.portal-fischerei.de
Bundesministerium für Umwelt, Naturschutz und Reaktorsicherheit
www.bmu.de
Bundesministerium für Verkehr, Bau und Stadtentwicklung
www.bmvbw.de
Deutsche Forschungsgemeinschft (DFG) Forschungszentrum Ozeanränder Universität Bremen,
www.rcom-bremen.de
Environmental Knowledge for Change
http://maps.grida.no/theme/marine
EUCC - Die Küsten Union Deutschland e.V.
http://www.kuestenunion.de/
Europäische Kommission: Generaldirektion für Maritime Angelegenheiten und Fischerei

Links zur maritimen Welt (sehr ergiebige Linksammlung)
http://ec.europa.eu/maritimeaffairs/links_de.html
Fisch-Informationszentrum
www.fischinfo.de
Geosience online, Magazin für Geo- und Naturwissenschaften
www.g-o.de
GeoUnion
www.geounion.de
Greenpeace
www.greenpeace.de
IFM-Geomar, Leibnitz-Institut für Meereswissenschaften, Universität Kiel
www.ifm-geomar.de
Lighthouse Foundation: Stiftung für die Meere und Ozeane
http://www.lighthouse-foundation.org/index.php?id=4&L=0
Rat für nachhaltige Entwicklung
www.nachhaltigkeitsrat.de
SPICOSA (Science and Policy Integration for Coastal Systems Assessment)
http://www.eucc-d.de/spicosa/index.htm
Themen-Atlas: Küstenformen: http://satgeo.zum.de/satgeo/quicklooks/sig_1.htm
UNEP: Plan Bleu – Regional Activity Centre
Environment and development in the Mediterranean
http://www.planbleu.org/indexUK.html
United Nations Atlas of the Oceans
http://www.oceansatlas.org/
Verband Deutscher Reeder
www.reederverband.de
Wissenschaftliche Beirat der Bundesregierung Globale Umweltveränderungen (WBGU)
http://www.wbgu.de/
World Wildlife Fund (WWF) Deutschland
www.wwf.de
Zukunft Küste – Coastal Futures
http://www.coastal-futures.org/